大學者，研究高深學問者也

打開傳說中的書
About ClassicsNow.net

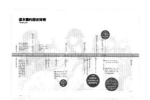

關鍵時間、人物、地點,在書前有簡明要點。

「1.0」:以跨越文字、繪畫、攝影、圖表的多元角度,破解經典的神秘符號。

「2.0」:以圖像來重現原典,或者重新做創作性的詮釋。

大約一百年前,甘地在非洲當律師。有天,他要搭長途火車,朋友在月台上送了他一本書。火車抵站的時候,他讀完了那本書,知道自己的未來從此不同。因為,「我決心根據這本書的理念,改變我的人生。」

日後,甘地被稱為印度聖雄的一些基本理念與信仰,都可溯源到這本書*。

◎

閱讀,可以有許多收穫與快樂。

其中最神奇的是,如果我們有幸遇上一本充滿魔力的書,就會跨進一個自己原先無從遭遇的世界,見識到超出想像之外的天地與人物。於是,我們對人生、對未來的認知與準備,截然改觀。

◎

充滿這種魔力的書很多。流傳久遠的,就有了「經典」的稱呼。

稱之為「經典」,原是讚嘆與敬意。偏偏,敬意也容易轉變為敬畏。因此,不論中外,提到「經典」會敬而遠之,是人性之常。

還不只如此。這些魔力之書的內容,包括其時間與空間的背景、作者與相關人物的關係、遣詞用字的意涵,隨著物換星移,也可能會越來越神秘,難以為後人所理解。

於是,「經典」很容易就成為「傳說中的書」——人人久聞其名,卻沒有機會也不知如何打開的書。

我們讓傳說中的書隨風而逝，作者固然遺憾，損失的還是我們。

每一部經典，都是作者夢想之作的實現；每一部經典，都可以召喚起讀者內心的另一個夢想。

讓經典塵封，其實是在封閉我們自己的世界和天地。

◎

何不換個方法面對經典？何不讓經典還原其魔力之書的本來面目？

這就是我們的想法。

因此，我們先請一個人，就他的角度，介紹他看到這部經典的魔力何在。

再來，我們以跨越文字、繪畫、攝影、圖表的多元角度，來打開困鎖住魔力之書的種種神秘符號。

然後，為了使現代讀者不會在時間和心力上感受到太大壓力，我們挑選經典原著最核心、最關鍵的篇章，希望讀者直接面對魔力之書的原始精髓。此外，還有一個網站，提供相關內容的整合、影音資料、延伸閱讀，以及讀者互動的可能。

因為這是從多元角度來體驗經典，所以我們稱之為《經典3.0》。

「3.0」：經典原著中，最關鍵與最核心的篇章選讀。

◎

最後，我們邀請的就是讀者，您了。

您要做的唯一的事情，就是對這些魔力之書的光環不要感到壓力，而是好奇。

您會發現：打開傳說中的書，原來就是打開自己的夢想與未來。

ClassicsNow.net網站，提供相關影音資料及延伸閱讀，以及讀者的互動。

*那本書是英國作家與思想家羅斯金（John Ruskin）寫的《給未來者言》（*Unto This Last*）。

經典3.0
ClassicsNow.net

何為大學
蔡子民先生言行錄
Record of the Words and Deeds of Cai Jiemin

蔡子民 原著
陳平原 導讀
ROCKAT 2.0繪圖

他們這麼說這本書
What They Say

插畫：羅喬綾

以一個校長身分而能領導那所大學，對一個時代起到轉折作用

約翰‧杜威 John Dewey

📅 1859～1952

💬 美國著名的教育家杜威曾評論蔡元培：「拿世界各國的大學校長來比較，牛津、劍橋、巴黎、柏林、哈佛、哥倫比亞等，這些校長中，在某些學科上有卓越貢獻的不乏其人。但是，以一個校長身分而能領導那所大學，對一個民族，對一個時代，起到轉折作用的，除蔡元培外，恐怕找不出第二個。」

顧頡剛

📅 1893～1980

💬 中國歷史學者顧頡剛在《蔡元培先生與五四運動》一文中回憶，他認為蔡元培帶給北京大學的新氣象，不僅是因為他接受西方的思想，也是因為他的人格特質。他曾在1917年的日記中記敘當時的蔡先生：「先生之為人，誠實懇摯，無絲毫虛偽……其言訥訥也，如不能出諸口；然至討論學理之時，則又滔滔不絕。」

先生之為人，誠實懇摯，無絲毫虛偽

他用人得當，各盡其才，使每個人都能發出自己的熱和光

梁漱溟

📅 1893～1988

💬 中國思想家梁漱溟指出，蔡元培從思想學術上為中國人創造出一股新潮流，打破了舊有的習俗，使北京大學成為新文化運動的搖籃。他曾深有感慨地說：「蔡先生的了不起，首先是他能認識人，使用人，維護人。用人得當，各盡其才，使每個人都能發出自己的熱和光，這力量可就大了。」

傅斯年

📅 1896～1950

💬 中國近代教育家傅斯年，曾任北京大學代理校長。他曾在《我所景仰的蔡元培之風格》一文中讚揚：「蔡元培先生實在代表兩種偉大文化，一是中國傳統聖賢之修養，一是法蘭西革命中標揭自由、平等、博愛之理想。此兩種偉大文化，具其一已難，兼備尤不可覯。」

兼備中國傳統聖賢之修養，法蘭西革命中標揭自由、平等、博愛之理想

陳平原

📅 1954～

💬 這本書的導讀者陳平原，現任北京大學中文系教授。他說道：「晚清以降，中國人辦大學，成績卓著的不少，可最著名的，莫過於北大校長蔡元培。百年中國，有獨立的大學理念，且能夠真正付諸實施的，不敢說僅此一家，但蔡元培無疑是最出色的。」他認為《蔡孑民先生言行錄》可視為大學的「入門書」，不管念的是物理、化學，還是哲學、史學，都需要稍微了解一下什麼叫「大學」。

有獨立的大學理念且能夠真正付諸實施的不敢說僅此一家但蔡元培無疑是最出色的

你

📅 ？

💬 在二十一世紀此刻的你，讀了這本書又有什麼話要說呢？請到ClassicsNow.net上發表你的讀後感想，並參考我們的「夢想實現」計畫。

你要說些什麼？

和作者相關的一些人
Related People

插畫：羅喬綾

📅 ?～ 1921

💬 蔡元培在元配王昭病逝後，貼出「徵婚啟事」：一、不纏足；二、須識字；三、男子不娶妾；四、男死後，女子可改嫁；五、夫婦不合可離婚。後來蔡元培因看到黃仲玉的工筆畫，進而認識了這位沒有纏足、識字又精通書畫的女子。兩人在1902年舉行了一場新式婚禮，以開演講會來代替鬧洞房。兩人的女兒蔡威廉是極有才華的女畫家，擅長人物肖像，她的英年早逝讓蔡元培悲痛萬分。

黃仲玉

📅 1868 ～ 1940

💬 字子民，近代著名教育家、革命家。曾數度赴德國和法國留學考察。他提倡民權與女權，倡導自由思想，致力革除「讀書為官」的舊俗，開科學研究風氣，同時也是中國近現代美育的倡導者。1916年至1927年，蔡元培任北京大學校長，實行教授治校，提出了「思想自由，相容並包」的辦學方針，開啟北大自由、學術之風氣。

蔡元培

📅 1890 ～ 1975

💬 第二任妻子死後，蔡元培決定續娶，他再次提出徵婚條件：一、文化素質高；二、年齡略大；三、熟諳英文，能成為研究助手。1923年，蔡元培與自己在上海愛國女校任教時的學生周峻結婚。周峻精通英語，愛好美術，與蔡元培相差二十二歲。

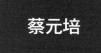

周峻

辜鴻銘

📅 1857～1928

💬 號稱「清末怪傑」，精通九種外語，擁有十三個博士學位。他曾將《論語》、《中庸》譯成英文，並著有《中國的牛津運動》和《中國人的精神》等書，向西方人倡揚東方的文化和精神，在西方形成了「到中國可以不看紫禁城，不可不看辜鴻銘」的說法。1917年蔡元培聘請他到北大教授英國古典文學。曾說過：「中國只有兩個好人，一個是蔡元培先生，一個是我。」

📅 1884～1940

💬 中國近代音樂教育之父。曾赴日本、德國攻讀音樂，以《中國古代樂器考》獲萊比錫大學博士學位。回國後，任教於北京大學「音樂研究會」。1927年，在蔡元培的支持下，在上海創辦了中國第一所專業音樂學校──國立音樂院。蕭友梅是中國近代歷史上有系統介紹西洋作曲理論的第一人，一生創作了一百多首歌曲。

蕭友梅

孫中山

📅 1866～1925

💬 本名孫文，號逸仙，近代中國的民主革命家，1911年推翻清朝，就任第一任中華民國臨時大總統。蔡元培支持孫中山的政治理念，曾加入同盟會，民國成立後曾被任命為教育總長。蔡元培被任命為北大校長時，孫中山表示支持，認為他可以把革命思想傳播到被舊日帝王和官僚氣氛所籠罩的北京。

這本書的歷史背景
Timeline

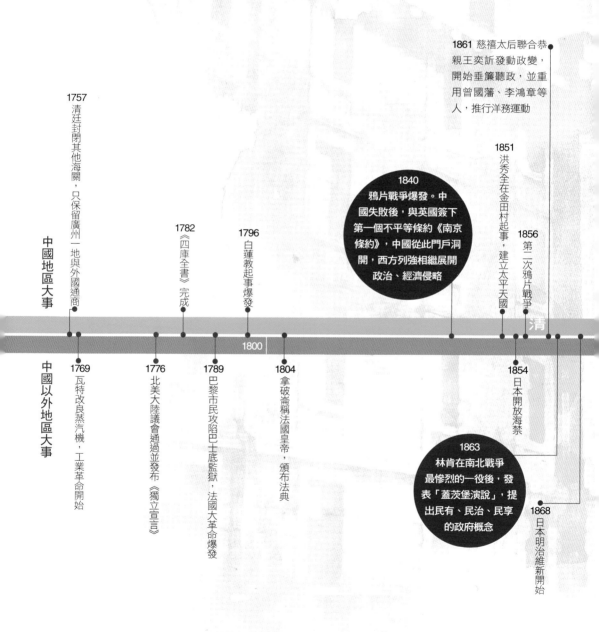

中國地區大事

中國以外地區大事

1757 清廷封閉其他海關，只保留廣州一地與外國通商

1769 瓦特改良蒸汽機，工業革命開始

1776 北美大陸議會通過並發布《獨立宣言》

1782 《四庫全書》完成

1789 巴黎市民攻陷巴士底監獄，法國大革命爆發

1796 白蓮教起事爆發

1804 拿破崙稱法國皇帝，頒布法典

1800

1840 鴉片戰爭爆發。中國失敗後，與英國簽下第一個不平等條約《南京條約》，中國從此門戶洞開，西方列強相繼展開政治、經濟侵略

1851 洪秀全在金田村起事，建立太平天國

1854 日本開放海禁

1856 第二次鴉片戰爭

1861 慈禧太后聯合恭親王奕訢發動政變，開始垂簾聽政，並重用曾國藩、李鴻章等人，推行洋務運動

1863 林肯在南北戰爭最慘烈的一役後，發表「蓋茨堡演說」，提出民有、民治、民享的政府概念

1868 日本明治維新開始

清

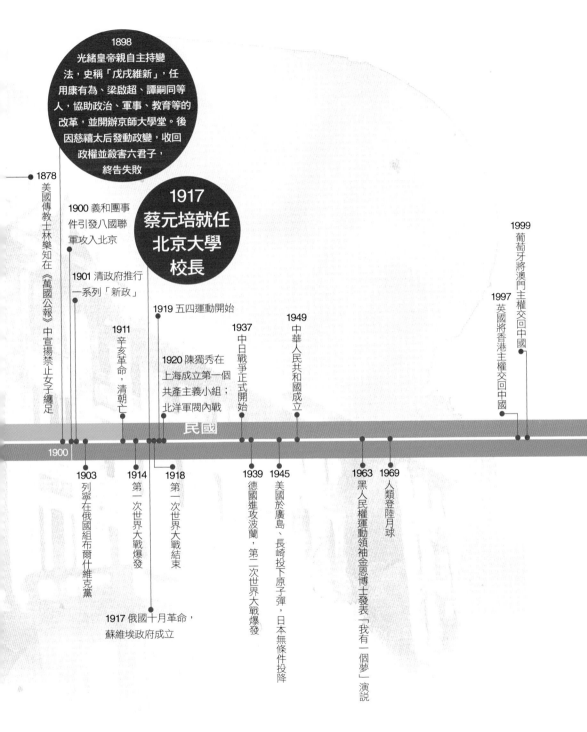

1898
光緒皇帝親自主持變法，史稱「戊戌維新」，任用康有為、梁啟超、譚嗣同等人，協助政治、軍事、教育等的改革，並開辦京師大學堂。後因慈禧太后發動政變，收回政權並殺害六君子，終告失敗

1917
蔡元培就任
北京大學
校長

1878
美國傳教士林樂知在《萬國公報》中宣揚禁止女子纏足

1900 義和團事件引發八國聯軍攻入北京

1901 清政府推行一系列「新政」

1919 五四運動開始

1999
葡萄牙將澳門主權交回中國

1997
英國將香港主權交回中國

1911
辛亥革命，清朝亡

1920 陳獨秀在上海成立第一個共產主義小組；北洋軍閥內戰

1937
中日戰爭正式開始

1949
中華人民共和國成立

民國

1900

1903
列寧在俄國組布爾什維克黨

1914
第一次世界大戰爆發

1918
第一次世界大戰結束

1939
德國進攻波蘭，第二次世界大戰爆發

1945
美國於廣島、長崎投下原子彈，日本無條件投降

1963
黑人民權運動領袖金恩博士發表「我有一個夢」演說

1969
人類登陸月球

1917 俄國十月革命，蘇維埃政府成立

李樹潔繪

7

這位作者的事情
About the Author

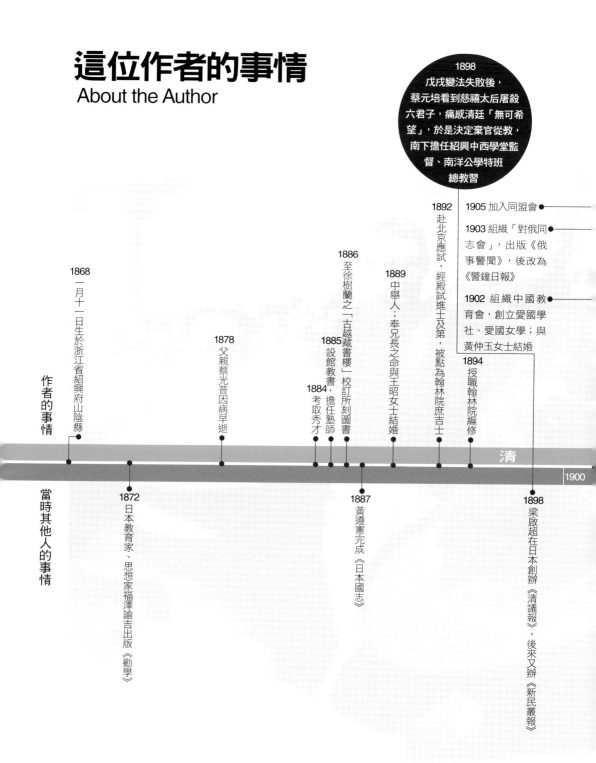

1898
戊戌變法失敗後，蔡元培看到慈禧太后屠殺六君子，痛感清廷「無可希望」，於是決定棄官從教，南下擔任紹興中西學堂監督、南洋公學特班總教習

1892
赴北京應試，經殿試進士及第，被點為翰林院庶吉士

1905 加入同盟會

1903 組織「對俄同志會」，出版《俄事警聞》，後改為《警鐘日報》

1886
至徐樹蘭之「古越藏書樓」校訂所刻圖書

1889
中舉人：奉兄長之命與王昭女士結婚

1902 組織中國教育會，創立愛國學社、愛國女學；與黃仲玉女士結婚

1894
授職翰林院編修

1868
一月十一日生於浙江省紹興府山陰縣

作者的事情

1878
父親蔡光普因病早逝

1885
設館教書，擔任塾師

1884
考取秀才

清

1900

當時其他人的事情

1872
日本教育家、思想家福澤諭吉出版《勸學》

1887
黃遵憲完成《日本國志》

1898
梁啟超在日本創辦《清議報》，後來又辦《新民叢報》

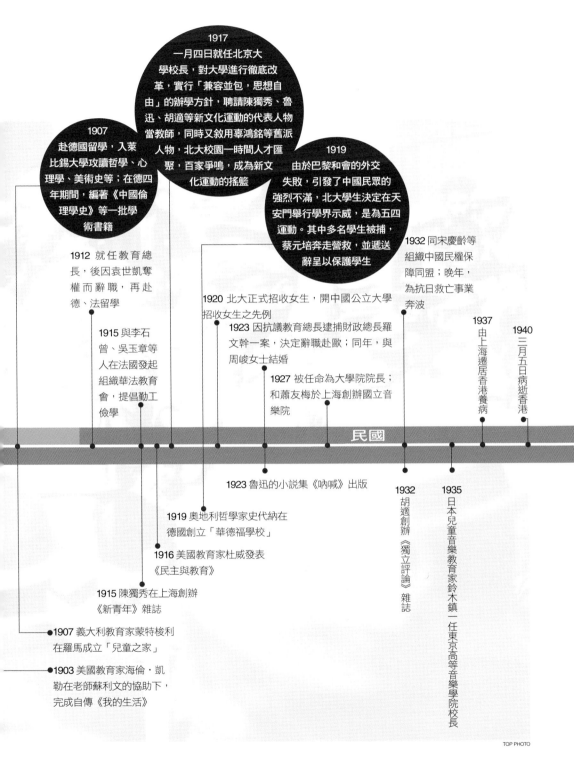

1917
一月四日就任北京大學校長，對大學進行徹底改革，實行「兼容並包，思想自由」的辦學方針，聘請陳獨秀、魯迅、胡適等新文化運動的代表人物當教師，同時又敘用辜鴻銘等舊派人物，北大校園一時間人才匯聚，百家爭鳴，成為新文化運動的搖籃

1907
赴德國留學，入萊比錫大學攻讀哲學、心理學、美術史等；在德四年期間，編著《中國倫理學史》等一批學術書籍

1919
由於巴黎和會的外交失敗，引發了中國民眾的強烈不滿，北大學生決定在天安門舉行學界示威，是為五四運動。其中多名學生被捕，蔡元培奔走營救，並遞送辭呈以保護學生

1912 就任教育總長，後因袁世凱奪權而辭職，再赴德、法留學

1932 同宋慶齡等組織中國民權保障同盟；晚年，為抗日救亡事業奔波

1920 北大正式招收女生，開中國公立大學招收女生之先例

1923 因抗議教育總長逮捕財政總長羅文幹一案，決定辭職赴歐；同年，與周峻女士結婚

1915 與李石曾、吳玉章等人在法國發起組織華法教育會，提倡勤工儉學

1937 由上海遷居香港養病

1940 三月五日病逝香港

1927 被任命為大學院院長；和蕭友梅於上海創辦國立音樂院

民國

1923 魯迅的小說集《吶喊》出版

1932 胡適創辦《獨立評論》雜誌

1935 日本兒童音樂教育家鈴木鎮一任東京高等音樂學院校長

1919 奧地利哲學家史代納在德國創立「華德福學校」

1916 美國教育家杜威發表《民主與教育》

1915 陳獨秀在上海創辦《新青年》雜誌

1907 義大利教育家蒙特梭利在羅馬成立「兒童之家」

1903 美國教育家海倫·凱勒在老師蘇利文的協助下，完成自傳《我的生活》

TOP PHOTO

這本書要你去旅行的地方
Travel Guide

柏林

● 1907年，蔡元培隨同中國駐德國公使，由西伯利亞鐵路經莫斯科到達柏林，展開半工半讀的留學生涯。蔡元培初到德國時住在柏林，主要補習德語。

Bleppo攝影

萊比錫

L. E. rewi-sor攝影

● **萊比錫大學**
位於德國萊比錫，創立於1409年，是歐洲最古老的大學之一。1908至1911年蔡元培曾在此就讀，辜鴻銘、林語堂等人也都是該校校友。

紹興

● **蔡元培故居**
位於紹興市區筆飛弄西側，為蔡氏祖父以下幾代聚居地。在此出生，並度過童年和青少年時代。現闢為「蔡元培生平史蹟陳列室」。

TOP PHOTO

香港

● **蔡元培墓**
位於香港仔華人永遠墳場，三面環山、一面臨海。昔日的墓碑為書法家葉恭綽刻書的「蔡孑民先生之墓」，今天的墓碑和墓表，則是北京大學同學會後來重修的。

北京

● 蔡元培故居

在東城區東堂子胡同。蔡元培任北大校長期間租住在此,「五四運動」正是在這裏策源的。

TOP PHOTO

● 未名湖

北京大學校園內最大的人工湖,湖的東南角佇立著博雅塔,湖光塔影,是北大最著名的景色。未名湖冬天結冰期間為滑冰場。

Canary Wu攝影

● 北京大學

創建於1898年,位於北京市海淀區,是中國「新文化運動」與「五四運動」等運動的發祥地。北京大學校園又稱燕園,與圓明園、頤和園相比鄰。

TOP PHOTO

● 北京大學紅樓

位於北京市東城區,為北京大學老校舍之一。北大紅樓建成於1918年,為北大文學院的所在,陳獨秀、李大釗、魯迅、胡適等人先後在此任教任職。

● 天安門廣場

始建於明成祖永樂年間。五四運動時,北京三千多名學生在天安門前集會遊行。一次世界大戰結束後,蔡元培曾在此發表演説「黑暗與光明的消長」。

Nowozin攝影

上海

TOP PHOTO

● 蔡元培故居

一幢三層英式花園洋房,是蔡元培在上海的最後一處住所。故居的陳設基本保持蔡元培生前的原樣,陳列展出珍貴文物、手稿、書信。

● 上海音樂學院

位於上海市徐匯區,是中國最早建立的高等音樂院校,1927年由蔡元培和蕭友梅創辦。校園內有古典歐式風格的賀綠汀音樂廳。

目錄 何為大學 蔡孑民先生言行錄
Contents

封面繪圖：李俐潔

13 ── **導讀** 陳平原

所謂大學精神、大學文化以及大學管理等，既是一門高深學問，也是一種日常生活；如此兼顧理論與實踐，需要一種特殊的文體來實現。某種意義上，校長之即席發揮或精心準備的各種「演說」，便成了關鍵的一環。這些演說，若足夠精采，也可能成為「傳世文章」。

71 ── **北大二三事** ROCKAT

89 ── **原典選讀** 蔡孑民原著

不問學問之有無，惟爭分數之多寡；試驗既終，書籍束之高閣，毫不過問，敷衍三、四年，潦草塞責，文憑到手，即可藉此活動於社會，豈非與求學初衷大相背馳乎？光陰虛度，學問毫無，是自誤也。

1.0

導讀

陳平原

北京大學及香港中文大學雙聘教授，北大中文系主任。
關注課題包括二十世紀中國文學、現代中國教育及學術等。著有《中國小說敘事模式的轉變》、
《中國現代學術之建立》、《觸摸歷史與進入五四》

要看導讀者的演講，請到ClassicsNow.net

北京故宮博物院 藏

滄海桑田，人類歷史上最為長壽且最具活力的社會組織，除了教會，就是大學。到歐洲遊覽，這個感覺特別明顯。轉瞬間，輝煌的宮殿灰飛煙滅，雄偉的軍事要塞成了廢墟，龐大的企業也可能突然破產，只有大學，還有教會，不屈不撓，幾百年風雨兼程，一路走過來，而且越走越風光。在可以預見的將來，這兩者都會繼續存在下去，且日益輝煌。如此說來，理解何為「大學」，以及關注中外大學的走向，變得至關重要。

晚清以降，中國人辦大學，成績卓著的不少，可最著名的，莫過於北大校長蔡元培。百年中國，有獨立的大學理念，且能夠真正付諸實施的，不敢說僅此一家，但蔡元培無疑是最出色的。這是因為，有其位者不一定有其識，有其識者不一定有其位；有其位有其識者，不一定有其時——集天時地利人和於一身，才可能有蔡元培出長北大時的揮灑自如。

在我看來，所謂「大學」，不僅僅是一種「功業」，同時也是一種「言說」。後人評價蔡元培，看他如何「辦大學」，也看他如何「談大學」。蔡先生明白這一點，在追憶北大歲月時，總不忘闡述自家的大學理想。為什麼？就因為，所謂大學精神、大學文化以及大學管理等，既是一門高深學問，也是一種日常生活；如此兼顧理論與實踐，需要一種特殊的文體來實現。某種意義上，校長之即席發揮或精心準備的各種「演說」，便成了關鍵的一環。這些演說，若足夠精采，也可能成為「傳世文章」。今天我們閱讀《蔡孑民先生言行錄》，正是從此角度進入。

大學史及「蔡元培神話」

自從進入文明社會，每個時代都有自己的「初等」及「高等」的教育。但作為一種組織形式的University，在中國，卻只有一百多年的歷史。「大學」一詞，若指周之辟雍、漢之太學以及晉以後的國子學，念ㄊㄞˋ、ㄒㄩㄝˊ。至於實施現代高等教

（上圖）清末京師大學堂的校區。京師大學堂是北京大學的前身，清代取消科舉制度後，許多人將京師大學堂視為謀取仕途的捷徑。
（右圖）蔡元培畫像。

文相元 繪

辟雍 是周王朝所設置的太學。辟者，指建築作圓璧形以效法天；雍者，指環之以水，四方均得來觀。辟雍又分五學，方位居中者即以「辟雍」命名，又稱「太學」；東方有東序或東膠，西方有瞽宗，北方有上庠，南方有成均。貴族子弟欲學禮者，可進瞽宗來學習；學書者，可進上庠來學習；學舞、干戈、射事、羽籥者，可進東序來學習；學樂舞者，可進成均來學習；辟雍則是天子承師問道，頤養朝中耆老，戰時接受謀略之處。天子入太學，則四學之人環水而觀之，故謂之「辟雍」。西周的辟雍設在郊區，在此所施行的禮、樂、射、御教育，是培養貴族子弟成為統治者的訓練過程。

TOP PHOTO

（上圖）國子監。古代的官學所在，入國子監學習者稱為「貢生」或是「監生」，亦是古代文人取仕的一個途徑。

育的學校，念ㄅㄚˋ ㄒㄩㄝˊ。依此類推，中國的ㄊㄞˋ ㄒㄩㄝ
ˊ史，從先秦講到晚清；至於ㄅㄚˋ ㄒㄩㄝˊ史，則只有一百多
年。硬要高談闊論從古到今一脈相承的「中國大學」，恐怕難
得要領。這本來不是什麼深奧的道理，之所以長期不被學界正
視，就因為涉及所謂的「民族自尊」：一個文明古國，怎麼可
能只有百年「大學史」？哲學家馮友蘭的話很有代表性：「我看
見西方有名的大學都有幾百年的歷史，而北京大學只有幾十年
的歷史，這同中國的文明古國似乎很不相稱。」1930年代，張

其昀撰《源遠流長之南京國學》，稱中央大學的歷史，應該追溯到南朝；1990年代，湖南大學力爭自家的歷史從嶽麓書院（976）說起。幸好這些努力，都被當時的教育主管部門否決了。否則，神州大地將湧現一大批遠比巴黎（1170）、劍橋（1209）、哈佛（1636）、耶魯（1701）古老得多的「大學」。

　　希望藉「重寫校史」而爭得「光榮傳統」的努力，其實一直沒有停止。主張「北京大學的校史應該從漢朝的太學算

（上圖）公元前484年，孔子返回魯國，但不受重用，於是孔子專心致力於修訂詩書，並教育三千弟子。

「大學」在中國與西方的內涵大不同　中國至西周已發展成政教合一的官學（分國學和鄉學，國學再分小學與大學兩級），並在人倫教育的基礎上，形成文武兼備的「六藝」教育，以培養統治者。至西漢立「太學」，設五經博士，主要以儒家經典為教育內容，以培養政治人才。相對而言，西方大學（university）乃從十一、二世紀主教學校及修道院學校演變而來，更兼此時特有的同業公會組織結社風氣，慢慢形成有名望的教師吸引各地學生前來問學結社（Universitas本是羅馬法律名詞，相當於Corporation〔社團〕一字），用以研究高深的學問。科目也從準備聖職的中世七學科（文法、修辭、論理學、算術、幾何、天文、音樂），慢慢發展為哲學、神學、教會學與醫學等。大學組織的獨立尤其意味著自由研究真理的權利。

起」的，不僅是哲學家馮友蘭，東方學家季羨林也認定從太學算起的說法「既合情，又合理」。學者任繼愈在《北大的「老」與「大」》中，努力論證北大「是漢唐以來『太學』的繼續」。作為碩學鴻儒，馮、季、任三位並非校史專家，其建議也未曾詳細論證，只能「聊備一說」。校史專家蕭超然接過此說，將其「精確化」，論證北大校史應追溯到晉代的國子學，乃「世界上歷史最古老的大學之一」。對於此類「為母校爭光」的努力，我持反對意見。理由很簡單：一、在晚清學界，國子監與京師大學堂沒有關係；二、北京大學並非直接繼承國子監而來；三、將北大歷史延長一千六百年於情不合，於理不通；四、這種改寫歷史的衝動不值得提倡；五、倘若希望繼承「中國古老的優秀文明」，國子監並非重要的思想資源。

最近這些年，中國各大學的「校史」越說越長。北大還好，仍堅持以戊戌維新為起點，連頗多關聯的京師同文館（1862）這條線，也都不願意拉扯上。如此立論，也算是蔡元培校長的「遺訓」。為什麼這麼說？1918年，蔡元培為《北京大學二十周年紀念冊》作序，對此有過明確的表述：「吾國自虞夏時已有大學之制，見陳教授漢章所作《中國歷

（右圖）長沙嶽麓書院的正廳講堂。書院是中國古代的私學制度，於宋代時興起、明代大盛，今嶽麓書院的石刻，乃是當年宋真宗的手跡。

TOP PHOTO

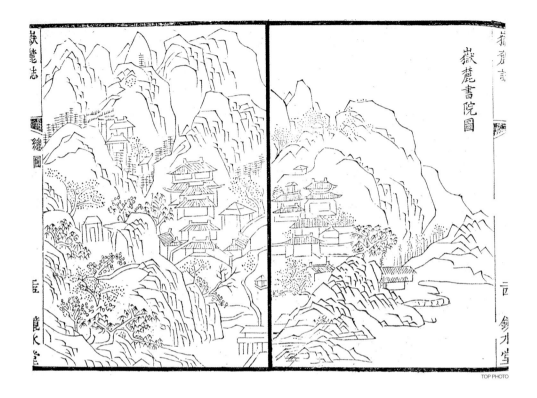

代大學學制述》，然往昔太學國學，其性質範圍，均與北京
大學不可同年而語。然則往昔之太學國學，直當以高曾祖禰
視之。而北京大學本體，則不得不認為二十歲之青年也。」
1948年，北大紀念建校五十周年，胡適撰文稱：若從太學
算起，北大「比世界上任何大學都年高了」；可這種拉長校
史的「誘惑」不可取：「北京大學向來不願意承認是漢武帝
以來的太學的繼承人，不願意賣弄那二千多年的高壽。……
這個小弟弟年紀雖不大，著實有點志氣！」現在有人斷章取
義，説蔡、胡兩校長也都主張北大從漢代太學算起。這不
對，白紙黑字，他們倆都是反對拉長校史的。

　　説實話，今日的北大，以及所有中國大學，努力追摹的，
不是「三代之學」，不是漢代的太學，不是宋元的書院，也
不是明清的國子監，而是西方現代大學——從學科設置，到
課堂講授，甚至畢業典禮，全都是舶來品。這是明擺在眼前

（上圖）清代趙寧所繪的《嶽
麓書院圖》版畫，出自《長沙
府嶽麓志》。

19

「**新文化運動**」 可追溯1915年九月陳獨秀在上海創辦了《青年》雜誌，標舉民主和科學兩大旗幟，提倡文學革命，批判阻礙個人獨立自主的中國傳統文化，於是開啟了新文化運動。至1917年一月蔡元培出任北京大學校長，亟欲整頓晚清科舉遺風籠罩的校園，這所充斥著京官腐敗的舊衙門、官僚養成所，在蔡校長決定聘任陳獨秀為文科學長起，便清楚立定了方向。隨著後續延聘的新文化運動領導人物，如李大釗、魯迅、胡適等，使得新文化運動的舞台從《新青年》雜誌躍登北大講壇，從此北大不僅成為全國的最高學府，也順勢成為新文化運動的中心。至1919年五月中國出席巴黎和會代表簽署喪權辱國的《山東條約》，北大進而成為五四運動的策動地與指揮所。

（右圖上）1917年，描繪張勳與段祺瑞的軍隊在北京巷戰的版畫。1917年除了是軍閥動亂的時代，也是新文化運動啟蒙之始。
（右圖下）蔡元培曾創辦《俄事警聞》（後改名《警鐘日報》），提倡民權，鼓吹革命。

的現實，不容抹殺。以北大為例，所謂從漢武帝元朔五年（公元前124年）創建「太學」說起，無非滿足一下虛榮心，實在看不出有什麼好處。我們的任務，借用蔡元培的說法，應是參酌的「歐美教育新法」與「孔墨教育之精神」。前者之兼及為真理而研究、陶養道德以及發展社會教育，分別指向德、英、美三種頗有差異的大學理想[1]，固然值得借鑑；後者之注重「陶養性情，發達個性」，也不是太學或國子監所能涵蓋。

北大的三個關鍵時刻

在我看來，北大一百一十二年的歷史，有三個關鍵時刻。第一個關鍵時刻是在1917年開始的新文化運動（含1919年的五四運動），確立了北京大學在中國社會的巨大聲譽，尤其是其救國救民，捨我其誰的精神氣質，直接影響了中國歷史進程。北大百年校慶期間，我說過一句很有名的「大話」：就教學及科研水平而言，北大現在不是、短時間內也不可能是「世界一流」；但若論北大對於人類文明的貢獻，很可能是不少世界一流大學所無法比擬的。因為，在一個東方古國崛起的關鍵時刻，一所大學竟然曾發揮如此巨大的作用，這樣的機遇，其實是千載難求的。說的便是這一段歷史。1921年七月十六日，蔡元培在三藩市華僑歡迎會上演說，比較了德國、法國、美國以及中國的大學制度，其中有一句：「北大學生最關心國家大事。」時間過去了將近九十年，此說仍大致可信。這一「校格」，你可以喜歡，說北大學生志向遠大；也可以不喜歡，說北大學生眼高手低。這都是事實，就看你對「大學功能」的定位以及對「大學精神」的理解。

第二個關鍵時刻是在1952年的院系調整，是現代中國大學之路的大轉折。政府一聲令下，保留十四所綜合大學，其他的改為專業院校；加上此前的接管教會大學，取消私立大學等措施，對很多好大學造成嚴重傷害。但也有獲益的，比如

復旦大學的學術實力因此迅速提升。北大則是得失參半，割掉了工科、農科、醫科等，是很大的遺憾；但在人文及數理等基礎研究方面，實力大增。以中文系為例，楊振聲、馮文炳等教授被調出去了；但吸收了不少清華、燕京的教授，還把王力領導的中山大學語言學系連鍋端過來，那可是當時全國唯一的語言學系。至於哲學系，那就更離譜了——既然有馬列主義作為指導，全國辦一個哲學系就夠了，於是，各地著名的哲學教授，大都被集中到北大來。

北大的精神氣質植根於「五四運動」，學術底蘊則得益於院系調整。至於第三個關鍵時刻，則是百年慶典。1998年五月，北大在人民大會堂舉行百年慶典，國家主席江澤民等中央主要領導出席。之所以如此鄭重其事，那是一個心照不宣的儀式，讓因「六四風波」而被明顯壓制的北京大學重新獲得聲譽。此後，儘管個別教授保持獨立聲音，但大學與政府之間取得默契，形成了所謂的「良性互動」。

觀察北京大學歷史上這三個關鍵時刻，主動權掌握在自己手中的，只有第一次。新文化運動的主要動力，來自北大師生，其努力方向，與政府的追求風馬牛不相及，甚至可以說是針鋒相對。至於後兩個重要轉折，則是政府主導，大學只是配合。

燕園情懷

　　說到五四時期的北京大學，之所以能有如此業績，與校長蔡元培密切相關。蔡元培（1868-1940），字鶴卿，號子民，浙江紹興人。前清翰林，清末參加同盟會，鬧革命，還曾任暗殺團團長；武昌起義後回國，1912年一月就任南京臨時政府教育總長。1917至1927年任北京大學校長，前四年全力以赴，後六年半經常外出，先是考察歐美教育，後因政治抗爭而不時離職。1928年辭去各行政職務，專任國立中央研究院院長。蔡先生乃國民黨元老，在政界及學界均有很高聲望。1940年三月五日在香港病逝。蔡先生那麼多職務，最讓人牽掛的還是北大校長。政治立場迥異的各界名人，說到蔡先生，無不交口稱讚。而且，大都落墨在「校長」而不是「部長」或「院長」——儘管後兩者職位更高些。當然，北大學生多，會寫文章，這也是事實。可官大沒用，部下不見得真的服你，當年為了某種利益而拚命拍馬屁的，日後也可能翻臉不認人。不像北大學生，對於蔡校長的崇敬，至今未改。這一點，你一踏入燕園，馬上就能感覺到。

　　假如承認北大對於現代中國的重要性，以及蔡元培對北大性格形成所起的決定作用，那麼，就有必要認真思考他這個校長是怎麼當的。更何況，理解蔡元培之於北大，也就部分理解了現代中國的大學之路。談蔡元培，我選擇1920年出版的《蔡子民先生言行錄》作為主要文本，那是因為，我相信，辦大學，需要做，也需要說——持續不斷地闡述大學的宗旨、功能、風格、日常運作乃至專業設置等，某種意義

上，也是辦大學的「題中應有之義」。

出乎意料的「叫好不叫座」

　　《蔡孑民先生言行錄》的出版者，是北大的新潮社。蔡元培主政後，積極扶持新進教師和學生，提倡新文化。得到校方經費支持的《新潮》，1919年一月創刊，與師長輩的《新青年》遙相呼應。這份勇猛精進的學生刊物，五四運動後聲名大振。只可惜，學生流動性強，很快的編輯工作便難以為繼。1919年十一月，雜誌社性質的「新潮社」擴展為學會，兼辦《新潮》雜誌和出版「新潮叢書」。1920年出版的「新潮叢書」，有王星拱著《科學方法論》、陳大齊著《迷信與心理》，周作人選譯的世界短篇小說集《點滴》，以及《蔡孑民先生言行錄》。前三種是北大教授的著譯，第四種乃新潮社社員輯錄。後者的《凡例》稱：「蔡先生的道德學問和

（上圖）1902年11月，愛國學社開學合影。這是蔡元培創辦的一所新型學校，學生主要是從上海南洋公學學潮中罷課退學學生，由蔡元培任總理，吳稚暉為學監，教員中有章太炎、黃炎培等人。

清末民初重要的出版品 在譯作方面，有嚴復所譯《天演論》於1898年出版，正值中國面臨西方列強侵占瓜分的危機，此書的譯介使「物競天擇」、「適者生存」等概念成為深入晚清社會的重要警語。在報刊方面，由英商人美查於1872年四月所創辦的《申報》，堪稱第一份辦給中國人看的報紙，也是晚清社會最具影響力、傳播最廣的報紙。梁啟超從主編《時務報》起，便已聲名大噪，戊戌變法敗後，在日本所辦的《清議報》、《新民叢報》更使維新思想翻新求變，遍及晚清社會。同盟會的成立與《民報》的出版，更為晚清革命事業起到推波助瀾之效。1915年《青年》雜誌的發刊，則啟動了新文化運動的思潮。

TOP PHOTO

（上圖）羅家倫。北大五四運動領導人之一，曾主編《新潮月刊》，也是著名的教育學者，後任清華大學校長。
（右圖）《新青年》、《新申報》與《小説月報》。這些皆為五四運動時期的重要刊物，而此份《新申報》上刊載了五四運動的爆發。

事業，用不著我們標榜。不過，我們知道國內外尚有許多急欲明白先生言行的人，極希望一部有系統的先生言行錄：這便是我們編印本書的一點微意。」

真沒想到，如此眾望所歸的「言行錄」，銷路竟然很不好。魯迅在《〈中國新文學大系〉小説二集序》中提及此事：「終於，《新青年》的編輯中樞不得不復歸上海，《新潮》群中的健將，則大抵遠遠的到歐美留學去了，《新潮》這雜誌，也以雖有大吹大擂的豫告，卻至今還未出版的『名著紹介』收場；留給國內的社員的，是一萬部《蔡孑民先生言行錄》和七千部《點滴》。」這裏話中有話，暗含玄機。據新潮社主將李小峰日後回憶，都怨羅家倫「好大喜功」，錯誤判斷形勢。前兩種印行二千冊，銷路很不錯；照當時的市場，印個三四千，也還能接受。可「當時社的負責人羅家倫素以浮誇著稱，他憑了主觀的願望，做了過高的估計，以為蔡校長負國內的重望，為社會所景仰，他的言論一定會受到文化界熱烈的歡迎」，於是開印一萬冊。再加上此書分訂上下冊，定價超過了一般的購買力，「銷出的書，遠遠不如擱存的多，墊款的收回，印刷費的付清，顯然是遙遙無期的了」。這麼一本好書，竟因營銷不當，導致新潮社陷入奄奄一息的困境。

俗話説，是金子總會發光；當初銷路不好，並不妨礙後人對此書的極力推崇與接納。1942年，為蔡元培作傳的高平叔提及：「二十四年夏季，一天，偶然和蔡先生談到廣益書局出版的那本《蔡元培言行錄》，以及啟智書局出版的那本《蔡元培文選》，都及不上北大新潮社那本《蔡孑民先生言行錄》。」不僅本人很在意，同事也看好，同一年，周作人撰《記蔡孑民先生的事》，稱：「《蔡孑民先生言行錄》二冊，成於民國八九年頃，距今已有二十年，但仍為最好的結集，如諸公細心一讀，當信吾言不謬。」而此前一年，朱自清和葉聖陶合作《讀書指導》，包括《精讀指導舉隅》（四川省政府教育廳，1941）和

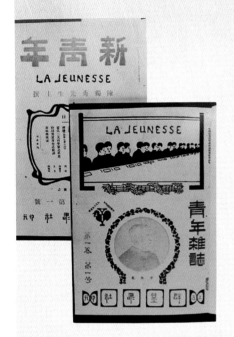

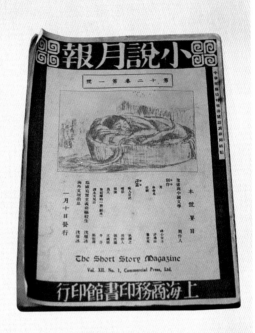

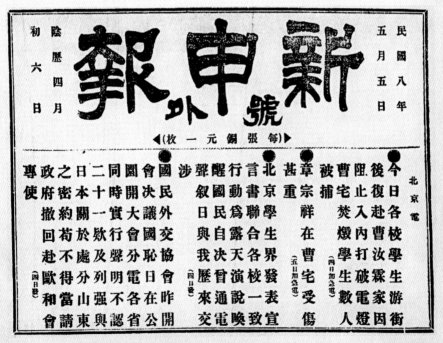

《略讀指導舉隅》（商務印書館，1943），後者收入朱自清的《〈蔡子民先生言行錄〉指導大概》，認定「這是一部有益於青年——特別是中學生——的書，在文字上，也在思想上」。此外，台北文海「近代中國史料叢刊」第九十四輯（1973）和上海書店「民國叢書」第二編（1990），都將此書影印收錄；而1998年山東人民出版社和2005年廣西師範大學出版社，則分別刊行簡體字的整理本。

日後的整理本，有個很大的遺憾，那就是刪去了與汪精衛相關的二文。朱自清在抗戰烽火中談論此書，刪去大漢奸汪精衛的相關文字，完全可以理解。可半個世紀後重刊，本該恢復初版本的狀貌才是。汪的〈《華工學校講義》序〉，刪去也就罷了；至於蔡致汪函，談及其為何出任北大校長，至關重要。當時許多人勸蔡元培不要接北大的活，蔡之挺身而出，是經過深思熟慮的。在他看來，救中國的當務之急，不是搞政治，而是辦教育。此信所說的「弟進京後，受各政團招待時，竟老實揭出不涉政界之決心」，就是這個意思。而這一觀念的形成，起始於戊戌變法時期。蔡支持康有為的變革理念，但不參加其組織的政治活動。因為，他不相信這樣完全沒有根基、單靠皇帝發詔書、自上而下推行的變革，能獲得成功。中國這麼大，積弊這麼深，要想發展，必須在根本上從培養人才著手[②]。蔡元培《自寫年譜》提及戊戌變法失敗後，康梁被通緝，「我甚為憤懣，遂於九月間攜眷回紹興。雖有人說我是康黨，我也不與辯」；「我雖表同情，然生性不喜趕熱鬧，未嘗一訪康氏」。還有，《傳略》中也稱：「子民是時持論，謂康黨所以失敗，由於不先培養革新之人才，而欲以少數人弋取政權，排斥頑舊，不能不情見勢絀。此後北京政府，無可希望。故拋棄京職，而願委身於教育云。」這一立場，與嚴復、張元濟、張伯苓等比較接近。1904年張與嚴范孫赴日考察教育，「知彼邦之富強，實由教育之振興」，因而相約「終身辦教育，不做官」。在《四十

TOP PHOTO

（上圖）內山書店。日人內山完造於1917年開設於上海虹口的書店。店中主要販售日本書籍以及基督教相關書籍，後也販售一些左翼書籍。魯迅與內山完造為至交，曾在內山書店購買上千冊書籍。

TOP PHOTO

年南開學校之回顧〉中，張伯苓發誓：「苓於教育事業，極感興趣，深具信心，故自誓終身為教育而努力。」而蔡元培寫給汪精衛的這封信，山東、廣西的整理本都刪去了，實在可惜。好在中華書局版《蔡元培全集》第三卷收錄此文，有興趣的朋友可以參閱。

《言行錄》以「言」為主

除〈傳略〉及附錄三篇，《蔡孑民先生言行錄》全書分六類：照「凡例」的說法，第一類「關於最重大普遍的問題」（十八篇），第二類「關於教育」（十六篇），第三類「關於北京大學」（十八篇），第四類「關於中西文化的溝通」（十一篇），第五類為「普通的問題」（十一篇），第六類為「範圍較小、關係較輕的問題」（十篇）。附錄的《華工學校講義》共四十則，1916年夏撰於法國，有單行本，國內極少見，「且為先生大部分道德精神所寄，故特重印一回」。

不說緒論性質的〈傳略〉和附錄，其餘八十四文，十二篇

（上圖）1920年代，上海商務印書館的內景。商務印書館創辦於1897年，由夏瑞芳、鮑咸恩、鮑咸昌、高鳳池等四人創辦。1902年，聘請蔡元培任編譯所所長。

撰於1899至1916年，七十二篇完成於1917至1920年，即蔡先生真正主導北大的時間。此書原先的編輯計畫，是搜羅北大校長蔡元培之近作，故題《演說集》；「後來因搜集到的材料，不限於講演，還包括了蔡先生從事革命以來至主持北大時期的一切言論，材料比預定計畫增加一倍以上，不忍割棄，決定一併收入，改書名為《蔡孑民先生言行錄》」③。為何改書名？因校長又說又寫，還闌入若干早年文章，只好改名。這或許只是表面原因，我猜測，由「演說集」而「言行錄」，還有更深層的緣故。

以「言行錄」為題，很容易讓人聯想起宋代朱熹的《名臣言行錄》（前集十卷、後集十四卷）。朱子《自序》云：「予讀近代文集及記事之書，觀其所載國朝名臣言行之跡，多有補於世教者。然以其散出而無統也，既莫究其始終表裏之全，而又汩於虛浮怪誕之說。予常病之。於是掇取其要，聚為此錄，以便記覽。」紀昀等《四庫全書總目》稱：「顧就其所錄觀之，宋一代之嘉言懿行，略具於斯。旁資檢閱，固亦無所不可矣。」清人沈佳撰《明儒言行錄》（十卷、續錄二卷），「是編仿朱子《五朝名臣言行錄》之例，編次有明一代儒者。各徵引諸書，述其行事，亦間摘其語錄附之。」在紀昀等看來，此書可補黃宗羲《明儒學案》：「學者以兩家之書互相參證，庶乎有明一代之學派可以得其平允矣。正不必論甘而忌辛，是丹而非素也。」這裏有個縫隙，值得深究。第一，在傳統分類中，「言行錄」屬於史部傳記類，而非子部或集部，主要是記載行事，順帶附錄言論；第二，「言行錄」應是後人採集，而非本人撰著；第三，「言行錄」大都吉光片羽，並非完整論文。清人朱桓輯《歷代名臣言行錄》、王炳燮輯《國朝名臣言行錄》、鄧淳編《粵東名儒言行錄》，均是如此體例。

為配合《蔡孑民先生言行錄》的刊行，由蔡元培口述、黃世暉筆記的《傳略》，後附有《言行雜錄》，如「孑民最

不贊成中國合食之法，而亦不贊成西洋菜」；「孑民最不喜
坐轎」；「孑民於應用文極端贊成用國語」；「孑民又提倡勞
工神聖說」等，如此名臣之「言論集錦」，方才是傳統「言
行錄」之正例。而當初北大學生之所以將蔡校長的「文集」
說成是「言行錄」，可能不明體例，但也可能是別有深意。

（上圖）1907年，留學德國期間的蔡元培。

（上圖）《胡適文存》書影。

這就說到中國人的「三不朽」：太上立德，其次立功，再其次才是立言。所謂「言行錄」，看中的是「名臣」的知行合一，道德文章互相幫襯，而絕非一介書生的「區區文章」。

這一「命名」，明顯看中的是蔡先生的「道德文章」；第二年，北大同事胡適也出集子，那就叫《胡適文存》。上海亞東圖書館1921年十二月刊行的《胡適文存》，分四冊，其《序例》稱：「這四卷是我這十年來做的文章；因為有好幾篇不曾收入，故名為《文存》。」此乃「文章」，且「自編」，收錄從1911至1921年間的文章和書信六十六篇（不含附錄）。胡適也喜歡演講，但「文存」所收，基本上都是「寫下來」的；蔡元培也撰文，但「言行錄」所收，以「說出來」的為主。《蔡子民先生言行錄》書後附有〈蔡先生著述目錄〉，開列1903至1917年刊行的《科培爾哲學要領》、《中學修身教科書》、《中國倫理學史》、《哲學大綱》、《石頭記索隱》等著譯七種。這回的新書，也有文章，但演說占很大比重。朱自清曾做了統計，稱「演說詞占全書百分之三十」，其實遠不止。有的文中沒有註明，但根據年譜，能判定就是演說稿，或是據演說整理成文。我初步考定，演說稿四十篇，加上擬演說的《華工學校講義》，蔡書中傾向於「講壇說道」而非「書齋閱讀」的，起碼占百分之六十以上。這也是此書原題《演說集》的緣故。

「博大」而非「精深」的教育家

回到該書分類：一眼看去，第二、第三類可以合併，關於「教育」與關於「北京大學」，二者當然密不可分。第四、五、六類論題廣泛，除了舊文，多涉及大學，或乾脆就是在各大學的演講稿。說這是一個教育家關於「大學」的各種言說，基本沒錯。關鍵在第一類，談論的都是「最重大普遍的問題」，這倒是蔡元培的特點。不僅是大學校長，而且胸懷天下，談論的是「哲學與科學」的關係，「黑暗與光明的消

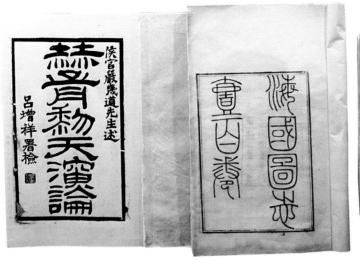

長」，歐戰之成敗與美術之起源，信教自由與勞工神聖，社
會主義的歷史以及工學互助團的希望等，視野如此開闊，且
不是秘書代擬，全都屬於蔡元培的個人興趣——看得出來，
這是一個有哲學修養、且有國際視野的教育家。

　　蔡元培此前兩度遊學歐洲，學術上涉獵甚廣，如在德國萊
比錫大學那三年念的主要是哲學，「於哲學、文學、文明史、
人類學之講義，凡時間不衝突者，皆聽之。尤注重於實驗心理
學及美學」[④]。萊比錫大學至今仍保留蔡元培的學籍名冊、選
修課程及學業成績等資料[⑤]。蔡先生不願意當官，對學問更
有興趣，那麼大年紀還跑出去念書很了不起，很多人支持他，
包括張元濟。商務印書館每月給他點錢，讓他在歐洲留學時，
順便譯點東西，或代為編寫教材。有趣的是，年滿四十的蔡
先生，註冊時竟填了三十五歲，大概是為了更好地適應學生生
活。年近七十時，蔡先生撰〈假如我的年紀回到二十歲〉，自
述平生讀書興趣及遺憾：「我若能回到二十歲，我一定要多學
幾種外國語，自英語、義大利語而外，希臘文與梵文，也要學
的；要補習自然科學，然後專治我喜愛的美學及世界美術史。」
熱愛知識、手不釋卷的政要名流，在現代中國，還能找到一

（上圖）嚴復譯赫胥黎《天演
論》、梁啟超著《西學書目
表》、魏源著《海國圖志》，
是清末民初了解西學的重要著
作，現藏於蔡元培故居。

TOP PHOTO

（上圖） 康德（Immanuel
Kant）畫像。康德是啟蒙運動
的哲學家之一，其美學思想對
蔡元培影響甚深。蔡元培力倡
世界觀教育與美學教育，便是
留學德國期間受康德思想影響
的結果。
（右圖）蔡元培1924年於法國
考察時的留影。

些；但像蔡元培那樣涉獵眾多學科，且長久保持濃厚興趣的，
幾乎可說是絕無僅有。

　　學術興趣過於廣泛，對於專家學者來說，不一定是好事，
弄不好變得汗漫無歸；而對於大學校長來說，卻是一大優
勢，不如此，何以判斷不同思想學說的價值？別人評論蔡先
生為「古今中外派」，這話是表揚，可也是譏諷，就看你的
立場。出於景仰之心，許多追憶蔡先生的文章，論及其學
識，多「溢美之辭」。蔡先生的學問，「博大」是真的，「精
深」則未必。兼及「中土文教」與「西方哲思」，確實是蔡
校長的一大特色，不過，更應該贊許的是其視野廣闊，而不
是其成績卓著。在二十世紀的中國學界，談論文學、史學、
哲學、倫理學等，蔡元培均非首選，其若干著述，也並非不
可替代。可這絲毫不影響蔡元培在現代中國思想史上的卓越
地位。他對古今中外的學問有個大致的理解，並形成自己的
修養、趣味、人格，且作為一種象徵，引領北大往前走。

　　這是一個有哲學興趣的教育家，關注政治、道德、文化、
教育等，尤以「大學問題」為中心。蔡先生的論述，以真切
見長，不限於具體事務，有思想深度，故時過境遷，仍有啟
示意義。大學校長與純粹的哲學家或學問家不同，需要理解
力、執行力，還得有人格魅力。這也是教育學本身的特點，
不是「坐而論道」，而是實踐中的思考與表述。與專業水平
或政治立場關係不是很大，關鍵在胸襟與趣味。而這恰好與
「演說」這一文體的特性相吻合——距離不遠不近，知識不
舊不新，論說不淺不深，方才是「恰到好處」。

非為升官、非為發財

　　作為當年中國最高學府的掌門人，蔡元培在處理日常事務
的同時，必須不斷告訴公眾，他心目中的「大學」到底是什
麼樣子。這一點，是《蔡子民先生言行錄》的論述重心，也
是此書的魅力所在。稍微歸納，此書論題，涉及大學宗旨、

中國教育史上的重要改革

包括春秋戰國時期，官學廢而私學興，孔子以收取微薄「束脩」，施行「有教無類」的教誨，使得教育得以向下普及，以培養德才兼備的從政人才。西漢武帝接受董仲舒「罷黜百家，獨尊儒術」建議，並設立「太學」，置「五經博士」，使得以儒家經典為主要內容的中國教育制度確立。至隋朝開始施行的科舉制度，使得教育與政治之間產生重要聯繫，雖使布衣可達致卿相，卻也使教育淪為科舉的附庸。晚清自鴉片戰爭以來，清廷亦透過洋務運動開設新式學堂，以培養翻譯、船械以及海軍人才。至1902年並頒布《欽定學堂章程》，1904年又訂《奏定學堂章程》，廢科舉，辦新學，為中國近現代教育奠定了發展的基礎。

（上圖）1917年，蔡元培赴北京大學正式擔任校長一職。一月二十七日蔡元培（前排左三）與北大同事合影。第二排右二是魯迅。

大學精神、政與學、學與術，還有「美育」等。

1919年八月，蔡元培應北大新潮社要求，為編印《蔡孑民先生言行錄》而作〈傳略〉，提及其改造老北大，格外關注學生人格的培養：「乃於第一日對學生演說，即揭破『大學學生，當以研究學術為天責，不當以大學為升官發財之階梯』云云。於是推廣進德會，以挽奔競及遊蕩之習。並延積學之教授，提倡研究學問之興會。助成體育會、音樂會、畫法研究會、書法研究會等，以供正當之消遣。助成消費公社、學生銀行、校役夜班、平民講演團等，及《新潮》等雜誌，以發揚學生自動之精神，而引起其服務社會之習慣。」之所以不談學術建設，而將破除「升官發財之階梯」為第一要務，那是因為，在很多人眼中，大學乃科舉的變相，只想騙到一紙畢業證書。而大學教育的目的，「不但傳授學術，更有養成人格的義務」。在這個意義上，「於指導學生切實用功以外，還有各種體育、美育之設備，辯論演說的練習，遊歷調查的組織，以引起學生自尊人格、服務社會的精神」，乃新文化運動後「大學教育之進步」的標誌[6]。

這方面，經典性文獻是發表於1917年一月九日的〈就任北京大學校長演說〉。此演說如今已進入中學語文課本，傳播極廣。一曰抱定宗旨，二曰砥礪德行，三曰敬愛師友，而關鍵的關鍵是：

諸君來此求學，必有一定宗旨，欲求宗旨之正大與否，必先知大學之性質。今人肆業專門學校，學成任事，此固勢所必然。而在大學則不然，大學者，研究高深學問者也。外人每指摘本校之腐敗，以求學於此者，皆有做官發財思想，故畢業預科者，多入法科，入文科者甚少，入理科者尤少，蓋以法科為干祿之終南捷徑也。……果欲達其做官發財之目的，則北

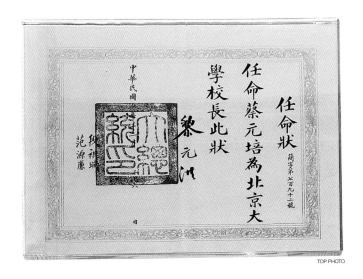

京不少專門學校，入法科者盡可肄業法律學堂，入商科者亦可投考商業學校，又何必來此大學？所以諸君須抱定宗旨，為求學而來。入法科者，非為做官；入商科者，非為致富。宗旨既定，自趨正軌。

如此談論大學宗旨，既指向學生，也指向學校。這可不是一時心血來潮，乃蔡先生的一貫思路。1912年五月十五日，作為教育部長，蔡元培出席北京大學開學典禮，演說「大學為研究高尚學問之地。即校內課餘，仍當溫習舊學」[⑦]。而其手訂《大學令》二十條，1912年十月二十四日經臨時教育會議通過，由教育部以第十七號部令公布：「大學以教授高深學術，養成碩學閎材，應國家需要為宗旨」。如此談論「高深學問」，屬於正面立論，似乎很平常；其實，綿裏藏針，直接針對的是國人「讀書做官」這一痼習。這是蔡元培的言說風格，一般情況下，並不鋒芒畢露，但很有自己的堅持，且鍥而不捨。從前清翰林到革命家到教育部長再到北大校長，蔡元培對於大學問題多有思考，並非臨陣磨槍，更不是簡單模仿——即便你能找到若干德國大學的影子。正因為此前多有「預演」，1917年的登台，方才是水到渠成。

（上圖）蔡元培任北大校長之聘書。

35

這個演説，奠定了他整個大學理念的基調。日後，在很多場合談大學，蔡元培多圍繞此中心打轉。改變國人「讀書只為做官」這一植根於科舉時代的觀念，談何容易。其實，直到今天，這一觀念仍然根深柢固。晚清鬧革命時，蔡元培等設想，中國要成為現代國家，關鍵是培養出一大批不以當官為目標的真正的專家學者。所謂「不以當官為目標」，就是説，即便讓你當省長部長，你也不去，因為你對學術研究更有興趣。可當下中國讀書人，多人在學界，心存宮闕；不是不想當官，只是沒機會而已。考公務員成為大學生的首選，這可不是好現象。這裏説的是個人，學校呢？當初蔡校長力倡「大學者，研究高深學問者也」，今天各大學談及自家業績，都以能出大官為驕傲。有人甚至反省老北大的傳統，説都是蔡元培鬧的，整天標榜「獨立性」，害得北大人在官場上吃不開，全都是在野的「清流」。

大學以學術研究為中心，其工作目標不是培養官員，也不是教你如何賺錢。蔡元培説得很絕對，假如想當官，你就進法律學堂；想賺錢，你就進商業學校，根本不必念北大。北大的培養目標是「研究高深學問」的純粹學者。九十多年過去了，蔡元培的理念不但沒實現，反而成了北大招生的「障礙」。不斷有家長問，我的孩子念北大，將來出路怎麼樣？記得三十

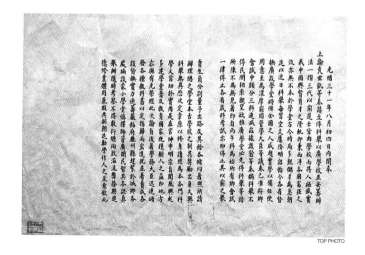

（右圖）清朝頒布廢除科舉制度的上諭。1905年，光緒下詔廢除科舉，並欲於1906年推行立憲制度。

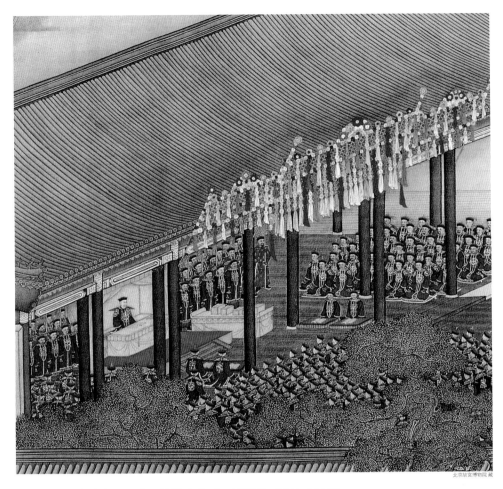

年前，文科考生中，最聰明的進中文系、哲學系，至於念法學的、學商科的，大都成績平平。如今倒過來，管理學院（商學院）高高在上，而哲學系的收分竟然是最低的。這讓我很傷心——最聰明的人，不念哲學，跑去念商科，將「求學」完全等同於「謀職」，背棄了蔡元培的大學理念。

重「學」而輕「術」

蔡元培之所以刻意強調「高深學問」，除了反對讀書就為升官發財，還有一點，區分綜合大學與專門學校。而這背後，是「學」與「術」的分野。雖說二者各有所長，蔡先生

（上圖）清《雍正帝臨雍講學圖》。
辟雍是古代為貴族子弟所設立的大學，始於西周，至清代依舊保持此一制度。雍正皇帝尊孔，並曾多次親臨國子監講學。

明顯地重「學」而輕「術」。1909年，蔡元培撰《倫理學原理》，稱：「科學有二別：一主理論者；二主實踐者。前者謂之學，後者謂之術。前者屬於知識而已，後者又示人利用其能力以舉措事物。」落實在教育上，便是凸顯文理二科在大學校園裏的支柱地位。

民國元年，教育總長蔡元培頒布大學令，強調「大學以文理二科為主」；1918年，作為北大校長，蔡又發表〈大學改制之事實及理由〉，再次強調：「大學專設文、理二科。其法、醫、農、工、商五科，則為獨立之大學。其名為法科大學、醫科大學等」；理由是「文、理二科，專屬學理；其他各科，偏重致用」。討論中，蔡先生進一步闡釋其為何格外重視文理二科，既基於其「學」、「術」分途發展的理念，也針對時人過於強烈的功利心：「吾國人科舉之毒太深，升官發財之興味本易傳染，故文、理諸生亦漸漬於法、商各科之陋習」；「鄙人以為治學者可謂之『大學』，治術者可謂之『高等專門學校』」。真是說到做到，1919年九月，蔡校長作〈北大第二十二年開學式演說詞〉，甚至稱，反正辦學經費不足，不如將北大工科歸併北洋大學，以便集中精力辦理科。為什麼停辦的是「工科」，而不是「理科」？那是因為：「且既然認定大學是研究學理的機關，對於純粹學理的文理科，自當先做完全的建設。」

（上圖）北京五四大街上的原北大紅樓。北大紅樓建於1918年，當時是北大圖書館和文科教室所在地。蔡元培在紅樓建成後，遷入二樓校長辦公室辦公。許多新派人物與學生社團使得紅樓成為新文化運動的重要陣地。
（右圖）1919年北京大學的行政組織圖。

對於如此決策，蔡元培日後沒有後悔，反而很得意，在〈我在北京大學的經歷〉中稱：「我那時候有一個理想，以為文、理兩科，是農、工、醫、藥、法、商等應用科學的基礎，而這些應用科學的研究時期，仍然要歸到文、理兩科來。所以文、理兩科，必須設各種的研究所；而此兩科的教員與畢業生必有若干人是終身在研究所工作，兼任教員，而不願往別種機關去的。所以完全的大學，當然各科並設，有互相關聯

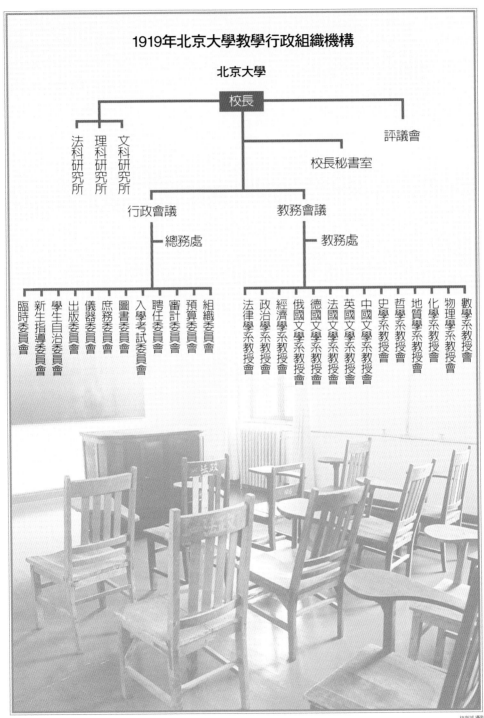

1919年北京大學教學行政組織機構

北京大學

校長

法科研究所　理科研究所　文科研究所

評議會

校長秘書室

行政會議　　教務會議

總務處　　教務處

臨時委員會　新生指導委員會　學生自治委員會　出版委員會　儀器委員會　庶務委員會　圖書委員會　入學考試委員會　聘任委員會　審計委員會　預算委員會　組織委員會

法律學系教授會　政治學系教授會　經濟學系教授會　俄國文學系教授會　德國文學系教授會　法國文學系教授會　英國文學系教授會　中國文學系教授會　史學系教授會　哲學系教授會　地質學系教授會　化學系教授會　物理學系教授會　數學系教授會

林崇誠 攝影

的便利。若無此能力，則不妨有一大學專辦文、理兩科，名為本科；而其他應用各科，可辦專科的高等學校，如德、法等國的成例。以表示學與術的區別。」

先有蔡元培的重學輕術，後是1952年的院系調整，此後，北大給人印象便是從事基礎研究，而不太擅長實踐與運用。這本來也沒什麼，各大學都應該走自己的路。可在今日中國，這麼做要吃很大的虧。為什麼？因為做學術評估時，科研經費特別重要。誰都明白，文學院教授和工學院的教授，所需經費天差地別。一個主持大項目的工科教授，其科研經費很可能比整個文學院還多。你說我一個文學教授，要那麼多錢幹什麼？我總不能讓學生幫我讀書、查資料、寫論文吧？除了做大規模的社會調查，文學院教授其實花不了多少錢。工科不一樣，買設備，做實驗，花錢如流水。這樣一來，工科性質的大學，其科研經費一定比綜合大學多。比如，清華大學、浙江大學、天津大學等以工科著稱的，其科研經費就比北大、復旦、南大多。還有一點，在中國，理工科有院士，文科沒有，這也是導致人文及社會科學不太受重視的原因之一。蔡先生的重學理而輕應用的大學理念，今天面臨很大的挑戰。但在我看來，以探尋真理而不是尋找職業為大學的主要功能，並沒有錯；為了提高就業率而努力適應市場，追求所謂的「專業對口」，不是高等教育的好出路⑧。

建立自由思想的「安全島」

蔡元培對於現代中國的巨大貢獻，主要在大學教育。蔡先生的大學理念，在1930年為《教育大辭書》而撰寫的〈大學教育〉中，已得到系統的表述；至於其實現程度，則不妨參照1919年自撰的《傳略》。有趣的是，二者均以「思想自由」與「相容並包」為中心來展開論述。在〈大學教育〉中，蔡

TOP PHOTO

（上圖）民國初年，北京大學圖書館。

先生強調大學生多能自治，學校不妨放任，此乃大學與中學的根本區別。這兩個判斷互相依存：既然學生有判斷是非的能力，大學因而不該壟斷思想；大學鼓勵自由思考，學生因而得以獨立判斷：

　　近代思想自由之公例，既被公認，能完全實現之者，厥惟大學。大學教員所發表之思想，不但不受任何宗教或政黨之拘束，亦不受任何著名學者之牽制。苟其確有所見，而言之成理，則雖在一校中，兩相反對之學說，不妨同時並行，而一任學生之比較而選擇，此大學之所以為大也。

　　表面上看，這是個簡單的命題，可真正實行起來，卻很不容易。因其牽涉到現代教育的目的、民族國家的權威、意識形態的控制等，絕非只是校園裏湖面上隨意泛起的漣漪。就像蔡先生說的，之所以允許「兩相反對之學說」並存，除了信任大學

（上圖）北京大學文科哲學畢業合影。第一排左起第五人是北大校長蔡元培，第六人是文科學長陳獨秀，第七人是梁漱溟。

41

TOP PHOTO

（上圖）蔡元培手書的「勞工神聖」四字，題於1920年第七卷第六號《新青年》「勞動節紀念號」上。蔡元培曾說：「我說的勞工，……凡是用自己的勞力做成有益他人的事業，不管他用的是體力、是腦力，都是勞工。」

（右圖）《國立北京女子師範大學週刊》第一百二十三期，悼念被北洋軍閥殺害的劉和珍、楊德群的報導。劉和珍、楊德群為北京女子師範大學之學生，因參加反日遊行，被鎮壓軍警殺害。這也顯現當時軍閥政府打壓思想自由的情景。

生獨立思考的能力，更包括對於正常的學術競爭與思想激盪的理解。「我素信學術上的派別是相對的，不是絕對的」。並置多種學說，允許學生「比較而選擇」，將此作為大學教育改革的核心，乃是基於對傳統中國思想缺陷的思考。

同樣是強調「相容並包」，〈《北京大學月刊》發刊詞〉與〈致《公言報》並答林琴南君函〉略有區別。前者講的是「相容」不同學術流派，如哲學之唯心論與唯物論、文學之寫實派與理想派、倫理學之動機論與功利論、宇宙論之樂天觀與厭世觀；後者則突出「相容」不同政治主張，即大學教員以學術造詣為主，並不限制其校外活動。而「吾國承數千年學術專制之積習，常好以見聞所及，持一孔之論」，對於持異議者，輕者逐出教席，重者消滅肉體。如今，借助於引進西方的大學體制，蔡先生希望建立得以自由思想的「安全島」。

借用伊賽爾·伯林的概念，「相容並包」乃是一種「消極自由」，其特徵在於保證不同學說得以自由表述。在中國的特殊語境中，制度性的「相容並包」，比個人性的「思想自由」，或許更難實現。這才能理解為何蔡元培在〈致《公言報》並答林琴南君函〉中論述「對於學說，仿世界各大學通例，循『思想自由』原則，取相容並包主義」時，往往強調的是後者。能否「相容並包」，對於大學來說，「生死攸關」。所謂吸引大師，所謂專深學術，所謂獨立思考，沒有制度性的「相容並包」作為後盾，根本無法實現。

大學為什麼需要相容並包？鼓勵學術創造、便於學生選擇、承認真理的相對性等，固然可以算作答案。但是，在蔡元培心目中，最重要的，還是如何拒絕黨派或教會的壓制，以保持教育的相對獨立性。這一思路，與蔡先生遊學德國的經歷大有關係。論及大學的相對獨立性，蔡元培常以德國為佐證。五四運動爆發，蔡校長為抗議政府的鎮壓愛國學生而辭職。在〈不肯再任北大校長的宣言〉中，蔡先生稱：「我絕對不能再做不自由的大學校長：思想自由，是世界大學的

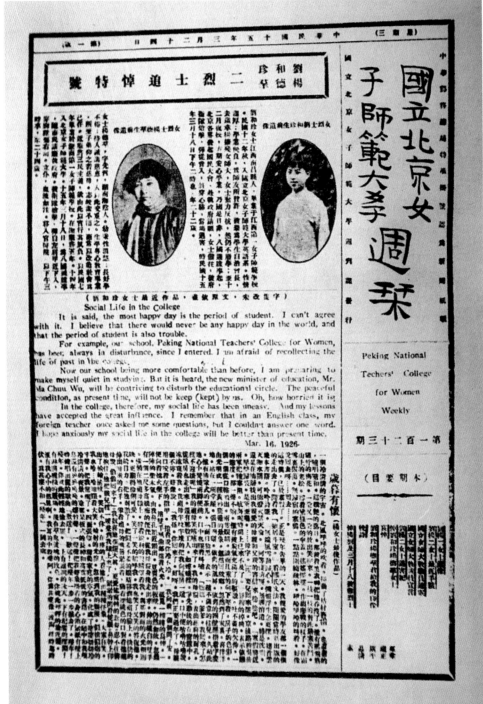

（星期三） 中華民國十五年三月二十四日 （第一版）

國立北京女子師範大學週刊

Peking National
Techers' College
for Women
Weekly

第一百二十三期

（本期要目）

二烈士追悼特號　劉和珍　楊德羣

（劉和珍女士最近作品・遺缺原文・宋改長字）

Social Life in the College

It is said, the most happy day is the period of student. I can't agree with it. I believe that there would never be any happy day in the world, and that the period of student is also trouble.

For example, our school, Peking National Teachers' College for Women, has been always in disturbance, since I entered. I am afraid of recollecting the life of past in the college.

Now our school being more comfortable than before, I am preparing to make myself quiet in studying. But it is heard, the new minister of education, Mr. Ma Chun Wu, will be contriving to disturb the educational circle. The peaceful condition, as present time, will not be keep (kept) by us. Oh, how horried it is!

In the college, therefore, my social life has been uneasy. And my lessons have accepted the great influence. I remember that in an English class, my foreign teacher once asked me some questions, but I couldn't answer one word. I hope anxiously my social life in the college will be better than present time.

Mar. 16, 1926.

歲暮有懷（劉女士最後作品）

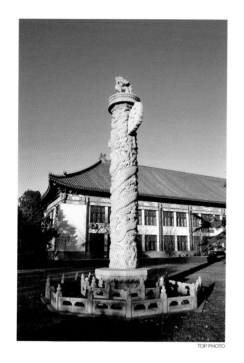
TOP PHOTO

（上圖）北大校園內的華表。華表亦稱恆表，是中國一種傳統的建築形式。古代用以表示王者納諫，因此有代表思想自由的涵意。

（右圖上）1919年「五四運動」，軍警逮捕示威學生。

（右圖下）「五四運動」被捕學生獲釋返校時的合影。1919年五月四日，北京學生遊行時遭到軍警鎮壓，當場捕去學生三十二人。當晚北京各校學生召開會議，討論營救被捕同學，並決定實行罷課。五月七日，被捕學生獲釋。圖為北京高師被捕學生獲釋後受到師生熱烈歡迎時的情景。

通例。德意志帝政時代，是世界著名開明專制的國家，他的大學何等自由。那美、法等國，更不必説了。」三個月後，在全體師生的強烈要求下，蔡校長回校復職，其〈回任北大校長在全體學生歡迎會上的演説詞〉説：「諸君都知道，德國革命以前是很專制的，但是他的大學是極端的平民主義；他的校長與各科學長，都是每年更迭一次，由教授會公舉的……這是何等精神呵！」以德國教育為參照系，強調即便政治專制的國家，大學也有相對的獨立與自由。蔡校長之組織教授評議會，鼓勵學生開展社團活動，反對黨派或政府直接控制校園，都是力圖在制度上保證大學的「平民主義」與「相容並包」。

今日的北京大學，很奇怪，沒有公認的校訓。為什麼？大家意見不統一，定不下來。百年校慶時，北大曾定了個校訓──「愛國進步民主科學」，據説很有來頭，但大部分師生不認帳，因其沒能顯示北大人的精神面貌。你説哪一所大學不「愛國」？哪一個學生不追求「進步」？這不叫校訓，是社會上流行的口號。我力主用蔡元培的「思想自由，相容並包」作為校訓，但不被接受。這八個字，一聽就知道不是軍隊、不是工廠，只能是大學；而且，在中國，只能是北京大學，別的大學還很難有如此神態。「六四風波」以後，新一任北大領導曾提出「學術無禁區，課堂有紀律」，希望藉此有效控制校園裏的言論。但沒有用，老師們上課，該怎麼説還是怎麼説，只不過比較講究「技巧」而已。這就是由蔡元培奠定思想基礎的北大──有特別「左」的，也有特別「右」的，只要你堅守自己的立場，且認真上課，這就行了。北洋軍閥統治時期，天下大亂，大學裏的「思想自由」反而比較容易落實。北伐成功，國民政府統一

華民國八年五月四日北京學界遊街大會被拘留之北京高師愛國學生七日近板時撮影

45

TOP PHOTO

中國，馬上推行「黨化教育」，對大學的管制越來越嚴格。這一趨勢，到今天也沒有緩解。當年蔡元培為了堅守自己的大學理念，不惜直接對抗教育部乃至中央政府，今天哪個大學校長有此魄力？蔡先生的思路是：相信大學生們有選擇的眼光和權利。至於課堂上各種各樣的「主義」，哪些隨風飄逝，哪些落地生根，是歷史決定的，並不取決於個人的主觀願望。今天也一樣，北大校園裏流行的諸多思想學說，哪些能留下來，誰也說不清。

學生的理性與熱情

說到蔡元培的大學觀，不能不提他的名言：「愛國不忘讀書，讀書不忘愛國」[9]。如何理解這句話？既反閉門讀書，也反盲目干政。五四運動起來後，對蔡元培造成巨大壓力的，不僅是腐敗的政府，還有激進的學生。1919年九月，五四運動高潮剛剛過去，其深遠的歷史影響尚未浮現，但北大學生的政治熱情，已震撼了全國民眾。針對世人的疑惑，蔡元培發表〈北京大學二十二年周年開學式之訓詞〉：「此次學潮以後，外邊頗有謂北京大學學生專為政治運動，能動不能靜的。不知道本校學生這次的加入學潮，是基於一時的愛國熱誠，為特別活動，一到研究學問的機會，仍是非常鎮靜的。」1934年撰〈我在北京大學的經歷〉，蔡元培舊事重提：「五四運動之目的既達，北京各校的秩序均恢復，獨北大因校長辭職問題，又起了多少糾紛。……回校以前，先發表一文，告北京大學學生及全國學生聯合會，告以學生救國，重在鑽研學術，不可常為救國運動而犧牲。」強調大學乃「研究學理的機關」，此乃蔡先生的一貫主張，並非應付輿論壓力的權宜之計。對於學生因政治熱情高漲而放棄學業，以及因意識到

（上圖）「五四運動」期間，學生血書「良心救國」。顯現學生的愛國情操與熱誠。

自家力量而過多使用罷課等非常手段，蔡元培憂心忡忡。這一點，蔣夢麟的《西潮》中有很好的解說⑩。

在我看來，蔡先生首先是教育家，而後才是政治家。正因此，堅持大學的主要功能是傳播知識、發展學術。論及此，不妨引入山東及廣西版刪去的〈致汪精衛君書〉：「在弟觀察，吾人苟切實從教育著手，未嘗不可使吾國轉危為安。而在國外所經營之教育，又似不及在國內之切實。」而教育救國的最好例子，便是此信所舉的普法戰爭時，哲學家費希特如何發表愛國演講，「改良大學教育，卒有以救普之亡」。

《蔡子民先生言行錄》中作為附錄的〈華工學校講義〉，包括德育三十篇，智育十篇；後者分為文字、圖畫、音樂、戲劇、詩歌、歷史、地理、建築、雕刻、裝飾。如此論述，明顯偏於審美，或曰美育。華工學校尚且如此，大學當應該有更高的要求。1912年，蔡先生就任中華民國臨時政府教育總長，發表〈對於新教育之意見〉，提出軍國民主義、實利主義、德育主義、世界觀、美育主義五者，「皆今日之教育所不可偏廢者也」。可真正使得「美育」一詞名揚天下，並引起思想文化界廣泛關注的，是蔡先生的另一個口號：「以美育代宗教」。先是在北京神州學會講演，後發表於《新青年》三卷六號上的〈以美育代宗教說〉，強調宗教對於人類情感有很大作用，但容易趨於極端，「蓋無論何等宗教，無不有擴張己教、攻擊異教之條件」；不若美育之平和中正，有百利而無一弊。

以美育代宗教

「以美育代宗教」，作為哲學命題，在我看來，很難成立；可提倡「美育」，將其作為重要的教育宗旨，不但過去、而且至今仍在發揮良好的作用。側重教育而不是哲學，這種談論「美育」的方式，與蔡元培對這一概念的理解與闡發分不開。在蔡先生看來，「美育者，應用美學之理論於教育，以

TOP PHOTO

TOP PHOTO

（上圖）陳獨秀。（下圖）辜鴻銘。蔡元培任北大校長期間，勇於攬聘陳獨秀、魯迅、辜鴻銘等人任教，使北大成為全國重要的學術研究中心，也體現蔡元培兼容並包的教育精神。

TOP PHOTO

陶養感情為目的者也」。假如以「陶養感情為目的」，這種
教育理念，古今中外都能找到知音。「其在西洋，如希臘雅
典之教育，以音樂與體操並重，而兼重文藝」；中國呢，更
是古已有之，而且源遠流長：「吾國古代教育，用禮、樂、
射、御、書、數之六藝。樂為純粹美育；書以記述，亦尚美
觀；射御在技術之熟練，而亦態度之嫻雅；禮之本義在守規
則，而其作用又在遠鄙俗；蓋自數以外，無不含有美育成分
者。」[11] 西洋的音樂與文藝，以及中國的六藝與禮，確實都
有利於「陶養感情」，假如這就是「美育」的話，世人之從
「藝術教育」的角度解讀蔡元培的思路，也不能說錯。

　　不過，即便暫時撇開用以取代宗教這一不太切合實際的宏
願，蔡先生所設想的「美育」，也不僅僅是學校裏的藝術課
程。在撰於1930年的〈以美育代宗教說〉中，蔡元培再三申
明，他提倡的是「美育」，而不是「美術」。換句話說，蔡
先生所設想的「美育」，是全社會的審美教育──既以學校

為中心,又兼及各階層的民眾;既以藝術教育為手段,又推廣到日常生活的言談舉止。這樣的「美育」,確實很像傳統儒家所設想的「禮」。記得近世怪才辜鴻銘曾主張將「禮」譯為 "art" 而不是 "rite",周作人對此深表讚賞,甚至加以引伸:「禮」就是「生活之藝術」[12]。

作為一種「文化運動」,假如希望世人普遍養成審美的生活態度,「美育」的實施,必須兩條腿走路,一是學校教育,一是文化推廣。這裏面,蔡元培的執掌北京大學,以及在校園裏大力推廣藝術教育,是一個很好的榜樣。難怪蔡先生在很多談論美育的文章中,都會提及其「北大經驗」。

一個校長,花那麼多心思和時間在關心、支持學生社團上,似乎有點「不務正業」。其實,這正是蔡校長高明之處──聘得若干學有專長的教授(包括文科學長陳獨秀),再鼓動起校園裏講求學問、涵養性情的風氣,大學也就成功了大半。如此說來,學生的社團活動,不全是為了打發課餘

（左圖）1919年十一月,廣東嶺南學校的武術表演。清末民初因國力不振,因此教育風氣趨向強健體魄,蔡元培本人的教育理念也強調五育並舉。
（右圖）民初時上海最著名的妓院街「花裏巷」。蔡元培任北大校長時,組織了「進德會」,主張不嫖、不賭、不娶妾、不做官吏、不做議員等戒律。

49

時間，更是為了營造氛圍，轉移風氣，培養能力，養成人格——這正是北大得以舊貌換新顏的關鍵所在。正因此，每次談及自家的北大功業，蔡校長總要歷數各種以學生為主體的社團。而這並非事後追認，當初北大之所以給人欣欣向榮的感覺，與十分活躍的社團活動大有關係。並不期待所有參加藝術社團的人，將來都成為書畫或音樂戲劇方面的名家，而只是希望學生們通過這些活動「涵養心靈」，養成「活潑的精神」，以便從事任何有益的事業。這種藉藝術活動陶冶性情，正是傳統中國教育最為精微絕妙之處。

作為演說家的蔡元培

1934年，蔡元培撰〈我在北京大學的經歷〉，其中有這麼一句：「改造第二院禮堂與庭園，使合於講演之用。」大學校長的工作千頭萬緒，怎麼連改造禮堂這樣的小事也值得追憶？殊不知，此舉牽涉蔡元培執掌大學的一個特徵：演說。將學堂、報章、演說並列為「傳播文明三利器」，如此時尚的晚清話語，發明權歸日人犬養毅；而在三利器中突出渲染「演說」的功用，則屬於梁啟超的精采發揮[13]。不同於明清兩代官府組織的聖諭宣講，也不同於晚清文明戲中的言論小生，清末民初演說與學堂之結盟，值得認真關注。這其中，蔡元培發揮重要作用。

目前見到蔡先生最早的演說稿，是1901年四月十九日〈在杭州方言學社開學日演說詞〉，未見刊本，但有日記和手稿為證，現收入中華書局版《蔡元培全集》第一卷。「今日為學社開學之日，我所演說者，即是表明學社命名之義及一切課程之關係」——這開篇很好，確實像演說。可接下來，「學塾繁多，不可具數，今最著者，為學官、書院、學堂三大支」云云，越來越文謅謅，又變成了文章。此後蔡元培的日記中，多有關於演說的記載。也就是在這一年九月，蔡元培被聘為南洋公學特班總教習，開始著意培養學生的演說能

力。1940年，黃炎培撰文哀悼蔡先生，提及其在南洋公學特
班總教習任上的表現：「師又言：今後學人，領導社會，開
發群眾，須長於言語。因設小組會習為演說、辯論，而師自
導之，並示以日文演說學數種令參閱。又以方言非一般人通
曉，令習國語。」[14]

　　1912年元月，蔡元培出任中華民國首任教育部長，當即通
電各省都督，促其推行以演說為中心的社會教育：「社會教
育，亦為今日急務，入手之方，宜先注重宣講。即請貴府就
本省情形，暫定臨時宣講標準，選輯資料，通令各州縣實行

（上圖）民國 徐悲鴻《泰戈爾
像》。
1924年，蔡元培與梁啟超、
胡適等人邀請泰戈爾訪華，並
由徐志摩陪同翻譯。泰戈爾訪
華期間，於上海、南京、北京
等各地發表了數場演說。

TOP PHOTO

宣講，或兼備有益之活動影畫，以為輔佐。」⑮同年六、七月間，蔡元培派人籌辦「以利用暇暑，從事學問，闡發理術，宏深造詣為目的」的「北京夏期講演會」。此一「由教育部邀請中外專門學家分別擔任各種科學」的系列講演，涉及人文、社科、自然、軍事等門類，包括嚴復講授「進化天演」、章太炎講授「東洋哲學」、許壽裳講授「教育學」、魯迅講授「美術略論」等⑯。據蔣維喬《退庵日記》手稿，六月五日正式開講，「由蔡先生演説」。

1916年底奉命歸國，準備出任北大校長的蔡元培，一路風塵，到處演講：十一月十七日杭州各界在新市場鳳舞台舉行「蔡孑民先生講演會」，到會五千餘人，省長致介紹詞，講題為「吾人所受於歐戰之教訓」；十一月二十六日回家鄉紹興，在該縣覺民舞台舉行大會，長篇演講；同日，在紹興的浙江省立第五師範發表演説；同月，在浙江省立甲種農業學校發表演説；十二月十一日應江蘇省教育會邀請演説；十二月十二日在交通部上海工業專門學校演説；約略同時，還在愛國女校演説……十二月十三日赴杭州，逗留幾天後北上，正式就任北大校長。不到一個月時間，已知的正式演講就有七場；演説如此頻繁，且不斷變換話題，到底是個人興趣，還是人情難卻，抑或二者兼而有之？

大學裏的演說訓練

在1902年的《新中國未來記》中，梁啟超曾暢想維新五十周年大祝典，「處處有演説壇，日日開講論會」，演説者是各國專門名家，聽眾則是大學生。如此堅定不移地將「演説」與「學堂」相勾連，此舉大有深意。實際上，晚清以降，「演説」事業的迅速推進，學校確實是關鍵的一環。一方面，演説之所以被關注與提倡，很大程度是因其可以作為

（上圖）嚴復《天演論》手稿。嚴復翻譯赫胥黎《進化與倫理》的前兩章，編寫為《天演論》，影響中國近代西學甚深。

學堂的補充;另一方面,學堂裏的專業訓練,又使得演說的內容及技巧大為提升。在這個意義上,二者互為因果,難解難分。差不多與新世紀的曙光同步,各種新式學堂裏,紛紛成立了演說會,開展演說方面的研究與訓練。既有校長們的身體力行,也有學生們的自發組織,各方合力的結果,終於使得校園內外的演說水準,得以迅速提升。

1902年,馬相伯在上海創立震旦學院,章程裏就提到設寬敞的演說廳;第二年三月,學院正式開學,當即開展了制度化的演說活動[⑰]。知道演說的重要性是一回事,真的喜歡演說又是另外一回事;不僅喜歡,而且擅長,那就更難得了。馬相伯之注重學生口頭表達能力的訓練,每周日舉行演講會,一人登台演說,眾人參與評議,這既有耶穌會的傳統,也包含了中國書院講學的意味[⑱]。

1909年,私立南開中學(1904年起)、南開大學(1919年起)的創辦人張伯苓,率領南開私立第一中學堂的學生,在

(下圖)1934年,蔡元培出面安撫請願抗日愛國學生的情緒。

天津西馬路宣講所舉辦第二次通俗演說會，晚上七點開始，十一點結束，除慷慨激昂的政治演說外，還放映了歐美及日本風景名勝的幻燈片，據說聽眾有千人之多。學生能上街演說，與平日的訓練有關。至於校長本人，每到周三第五六節課，便召集全校師生，在大禮堂裏演說：「起初聲調低緩，漸漸地昂揚起來，高亢沉重，表情也隨之奮發。」據另外一位老學生、日後成為台灣中央研究院院長的吳大猷回憶，張校長的演說很有特色：「他是很自然地『訓話』，題材順口出來，莊中有諧，從來不講空洞大話。」

　　作為留美預備學校起家的清華（1911年清華學堂開辦；1929年更名為國立清華大學），對於演說課程的重視，在當時的中國，無出其右者。學校裏不但安排了演講教練，配備了專門課本，還要求學生從中等科四年級起，必須練習演說三年。校園裏，於是活躍著各種練習演說與辯論的學生社團，如英文方面的「文友會」、「英語演說辯論會」、「得而

（上圖）1947年六月一日，北京大學民主廣場上，合唱馬思聰創作的聲樂《民主大合唱》的清華大學學生。這代表了兩校在於藝術教育上的追求與交流。

他社」，國語方面的「達辭社」、「辭命研究會」、「國語演說辯論會」等。此外，學校還設立了專門的演說辯論委員會，負責定期舉辦校內以及校際的演講比賽[19]。

　　當然，談論「演說」與「學堂」之關係，最有名的，還屬京師大學堂師生之因東三省事「鳴鐘上堂」。1903年蔓延全國的拒俄運動，各地學堂多有捲入，媒體上更是充盈著各種抗議活動的報導以及各色人等的演說詞[20]；京師大學堂因其特殊地位，具有指標性的意義，甚至可以說是直接開啟了日後綿延百年的「鬧學潮」[21]。每回的學潮都是演說引起，而且，都靠演說來推進——與今天借助網路溝通大不相同。

　　可是，反過來，我們不能將校園內外的演說，全都與政治抗議聯繫在一起。實際上，在政治宣傳之外，還有學問的傳播；在思想立場之外，還有辯論的技巧；在正義感之外，還有平等心。而所有這些內在的張力，在五四時期北京大學的兩個學生社團「雄辯會」與「平民教育講演團」那裏，都得

（上圖）馬相伯（前排左三坐者），中國著名教育家。蔡元培曾與他學習拉丁文，兩人並有共同的教育理念，在蔡元培的支持下，馬相伯於1903年創辦震旦學院，也就是後來的震旦大學。

55

到了充分的呈現。

毛澤東參與整理演說稿

　　作為北大校長，蔡元培有義務在各種重要場合發表演說。屬於公務性質的，不無應景成分。可蔡元培還有好些專業性很強的演說，一看就不是出自秘書之手。比如，《蔡孑民先生言行錄》剛剛刊行的1920年十月，蔡先生恰好應湖南省教育會邀請，到長沙講學。有據可查的，總共十二次，反而是〈自寫年譜〉說少了：「我講了四次，都是有關美學的。我曾把演（說）稿整理一過，載在《北京大學日刊》。」如十月二十七日在明德學校演說，題為「美術的價值」，記錄整理者是曾任北大圖書館員的毛澤東，講稿刊長沙《大公報》。整理者還特意加上了按語：「蔡先生的話，有好些聽不清楚。此篇所記，只其大略。開首兩段，是周世釗先生記出給我的。」十月二十八日，蔡先生在湖南第一師範講「對於學生的希望」，因為是湖南省教育會組織的，由該會人員擔任記錄；《大公報》則另請畢業於湖南一師的毛澤東記錄整理、發表在該報上[22]。很可惜，這兩篇演說稿，都來不及收到《蔡孑民先生言行錄》裏去。

　　不過，藉此機會，毛澤東與蔡元培建立了某種聯繫。兩年後，蔡校長鄭重其事地向學界推薦毛澤東的《湖南自修大學組織大綱》。蔡先生之所以對此「宗旨」大有好感，皆因感慨於「近二十年來，取法歐美，建設學校；偏重分班授課、限年畢業之制。書院舊制，蕩然無存」，故寄希望於「合吾國書院與西洋研究所之長而活用之」[23]。

　　毛澤東整理的演說稿，與《言行錄》的刊行擦肩而過，是時間問題；至於周恩來的記錄稿漏收，則明顯是編者的失誤。這兩篇演講，〈在南開學校全校歡迎會上的演說詞〉刊南開學校《校風》六十七期，1917年五月三十日；〈在南開學校敬業勵學演說三會聯合講演會上的演說詞〉刊《敬業學

報》六期，1917年六月。前一篇很有意思，講學校德智體三
育並重，具體論述時體育在先，而後才是智育與德育。而講
體育時，蔡元培竟從游俠說起：「古之所謂勇夫、俠士，君
子稱之，此即體育之發端。」漢代讀書人還佩劍，後來越來
越柔弱。「若身體柔弱，則思想精神何由發達？」「貴校體
育號稱發達者，大望始終勿怠，為國人倡焉。」很可惜，這
兩篇由南開學生周恩來記錄整理的演說，當初沒有收入《蔡
子民先生言行錄》。我想不是故意的，當初搜羅不易，有所
遺漏，很正常。對照中華書局版《蔡元培全集》第三卷，
1917至1920年間蔡先生的文字，約有一半未入《言行錄》。
除了上述二文，很遺憾地還漏收了〈在愛國女校之演說〉
（1917）、〈國立美術學校成立及開學式演說詞〉（1918）、
〈為北大音樂會代擬章程〉（1918）、〈不肯再任北大校長的

（上圖）北京基督教青年會門
前的學生演講。五四運動中，
北京大學和清華大學學生組成
「救國十人團」，在街頭演講
山東問題的細節，號召人們購
買國貨，抵制日貨。

杜威 (John Dewey, 1859～1952) 為美國重要的哲學家與教育家。1894至1904年於芝加哥大學任教期間，曾創辦一所實驗學校 (The Laboratory School, 1896～1904)，以實踐其教育理論，並擔任校長。提出「教育即生活」、「學校即社會」等主張，認為教育就是經驗的不斷改造和重組，以協助學生適應新環境，並強調學校便是社會生活的一種形式。杜威學說對美國教育制度的革新極有貢獻，民初留學生胡適等人亦曾受業其門下，1919至1920年，杜威應邀前來中國講授哲學與教育，其摒棄傳統灌輸式教育，強調「從做中學」的實驗理念與方法，對中國教育亦有廣泛影響。

宣言〉（1919）及〈《音樂雜誌》發刊詞〉（1920）。

「演說」是如何成為「文章」的

毫無疑問，作為北大校長，蔡先生有義務到處演講。問題是，我們今天讀到的是「言行錄」。換句話說，「聲音」已經轉化為「文字」，白紙黑字，有可能流傳千古。這些年，我一直關注「演說」，到目前為止，還沒有找到蔡元培的聲音。同樣，我很想聽聽魯迅是怎麼說話的。二十世紀中國文人學者的聲音，胡適有，趙元任有，而蔡元培、魯迅則沒有，很可惜。你走進大英博物館，可以聽到好些十九、二十世紀英國作家在朗讀自己的作品。在中國，暫時我們做不到。因為，當初沒有「保留聲音」的意識。在蔡元培、魯迅生活的年代，留聲機／答錄機其實已開始在中國流行。可學者們收集手稿，但不收集聲音。其實，單看文字記載，有時不太可靠。記得我第一次到台北，參加中央研究院組織的會議，有位自稱「跟胡適很熟」的老先生說，胡適不會講話，口音很重，聽都聽不懂。我很驚訝，因為，好些回憶文章說胡適很會演講。後來，在胡適紀念館聽胡適留下來的錄音，講話很清晰，而且抑揚頓挫，確實是會演說。真希望哪一天，突然間冒出蔡元培或魯迅的講話錄音，那對於理解其性情與文章，我相信大有幫助。

蔡先生此前也有好些專業著述，如《中國倫理學史》、《石頭記索隱》等；可1917至1920年間，蔡元培留下來的文字，基本上都是演說與序跋。行政繁忙，時間及精力不夠分配，專心於北大改革大業，無暇讀書與作文，這很正常，所謂「有所為，有所不為」是也。蔡先生的專業著作，大都是在歐洲遊學時寫的，回到國內，像他這樣的大名人，根本沒時間撰寫系統性的著述。記得史學家張政烺有句名言：趁著還沒出名，趕緊讀書。因為，出名以後，應酬無限，雜事繁多，反而沒時間認真讀書寫作了。

當北大校長期間，蔡先生主要採用「演說」，「作文」反而退居其次。著述講究獨創性與系統性，演說則沒這個必要。就像胡適說的，演說乃「卑之無甚高論」。有主見，肯說多餘話，而且說得恰到好處，這就行了。身為大學校長，你居高臨下，學生不敢不聽。官大學問大，位高言論多——不管是不是自己寫的，能從容表演，就很不容易了。有經驗的讀者都明白，「口若懸河」與「妙筆生花」不是一回事，適合於講演的，不見得適合於閱讀。一場主賓皆大歡喜的講演，抽離特定時空，很可能不知所云。相反，一篇精采的專業論文或小說散文，即便由高明的演員朗讀，也不見得能吸引廣大聽眾。講演者的姿態以及講演時的技巧，同樣影響到演說的成敗㉔。大處著眼，一以貫之，再添上因地制宜，就可以做到賓主皆歡。經由長期的鍛鍊，很多校長都能應付自如。但如何超越日常事務，將諸多演說變成對於教育理念及大學道路的深入探討，這裏有學問，而且學問很大。不是每個校長都有出版演說集的必要；你一定要出也可以，但必須

（上圖）約翰‧杜威，美國實用主義哲學家。1919年應北京大學的邀請來華講學。他在北京的五場講演僅在華期間就出了十版。圖為杜威（前排左五）同南京少年中國學會會員合影。

（上圖）1932年十一月二十七日，魯迅應邀在北京師範大學演講《再論第三種人》，聽眾多達兩千人。

TOP PHOTO

明白，不是每本「校長演說集」都能傳得下去。

這裏的困難，還包括如何讓「聲音」準確地轉變成「文字」。但講授內容若牽涉專業，加上講者帶有口音，要實現從「聲音」到「文字」的轉化，難度可就大多了。請看蔡元培的例子。1913年蔡元培在上海應邀到城東女學演講，著重闡釋女子教育的重要性。這篇記錄稿，曾輯入1931年上海廣益書局版《蔡元培言行錄》。因記錄潦草，錯字甚多，1935年九月蔡元培在青島審閱高平叔編《孑民文存》時，對此表示不滿，予以刪除[⑳]。在蔡先生眼中，文章與演說，入「言行錄」與入「文存」，還是有很大區別的。

更有趣的是，《新青年》三卷一號的「通信」欄裏，收有蔡元培致《新青年》記者函：「《新青年》記者足下：鄙人歸國以來，偶在會場演說，事前既無暇預備，事後亦不暇取速記稿而訂正之。日報所揭，時有訛舛，以其報僅資一閱，即亦無煩更正。不意近日在政學會及信教自由（會）之演說，乃為貴雜誌所轉載，勢必稍稍引起讀者之注意。其中大違鄙人本意之點，不能不有所辨正。」蔡元培自稱信奉引力說及進化論，可報載他在信教自由會的講稿，竟闌入一大段「宗教家反對進化論者之言」，讓他實在不能容忍。至於「政教會演說報紙所載有漏脫，有舛誤，尚無增加之語」。其中「最為舛誤者」，蔡開列了十條，逐一辨正。此信讓既是北大文科學長、又是《新青年》主編的陳獨秀狼狽之至，趕緊以「記者」名義附言：「本志前卷五號，轉錄日報所載先生演說，未能親叩疑義，至多訛誤，死罪死罪。今幸先生賜函辨正，讀之且愧且喜。記者前論，以不貴苟同之故，對於先生左袒宗教之言，頗懷異議。今誦賜書，遂爾冰釋。」引領學界風騷的《新青年》尚且如此，其他報章的情況可想而知。

記錄「演說」之不容易，有演講者的方言口音，有記錄者的速記能力，更有學術思路上的隔閡；所有這些，使得失誤很難避免。章太炎晚年曾拒絕刊行未經自己審定的講演稿㉖，就是擔心記錄有誤，以訛傳訛。胡適1921年七月三十一日在南京的暑期學校講演「研究國故的方法」，日記中黏貼有同年八月四日《時事新報·覺悟副刊》剪報，胡適加了批註：「此記多誤，不及改。」魯迅則稱上海十年的諸多演講「大可不必保存」，原因是：「記錄的人，或者為了方音的不同，聽不很懂，於是漏落，錯誤；或者為了意見的不同，取捨因而不確，我以為要緊的，他並不記錄，遇到空話，卻詳詳細細記了一大通；有些則簡直好像是惡意的捏造，意思和我所說的正是相反的。」所有「演說」，必須是像《蔡子民先生言行錄》那樣，經過作者本人校訂並認可的，研究者才能將其作為「著述」看待。

（上圖）1948年，胡適在國民代表大會上發表演說。

TOP PHOTO

和蔡元培同時代的重要演說

演說者：甘地（Mohandas Karamchand Gandhi, 1869~1948）

時間：1920年9月

影響：1919年4月，英國政府以軍隊鎮壓印度阿姆利則的民族運動，死傷數百人，是為「阿姆利則血案」。事後印度各地紛紛發起反英運動，甘地並於1920年重組國大黨，通過「非暴力不合作」運動，並發表演說。其中提到「當政府不保護你，反而剝奪你的尊嚴時，不合作就是你的天職」，以和平手法抗爭。「非暴力不合作」運動前後發動三次，終於促使英國在二戰後宣布印度獨立。（圖為1931年甘地對群眾演說）

TOP PHOTO

演說者：威爾遜（Thomas Woodrow Wilson, 1856~1924）

時間：1917年4月5日

影響：當時正值第一次世界大戰期間。於此之前，美國一直堅守中立立場，不願捲入一次大戰，但德國發起的無限制潛艇戰使得美國商業海運受到嚴重威脅，威爾遜遂於1917年4月正式對美國國會發表演說，「捍衛人類世界的和平與公正原則，對抗自私和獨裁的強權」，希望美國國會能支持參戰，是為「戰爭咨文」。此理念也促使他隔年發表著名的「十四點和平原則」，並成為巴黎和會凡爾賽條約之基礎，並於1919年獲得諾貝爾和平獎。

「蔡」式文言

《蔡子民先生言行錄》所收四十篇演説，還有〈華工學校講義〉四十則擬演説，都不太像傳統意義上的「文章」。這裏牽涉到，誰來記錄，如何整理，是否經過本人修訂。至於發表時，是實錄，是刪節，是摘要，還是第三人稱轉述，是採用文言還是白話，都影響到這些「紙上聲音」的閱讀效果。講演者使用的是白話（即便章太炎這樣的古文大師也不例外），變成文稿，隨整理者及發表者的要求，有時文言，有時白話，就看你著眼於「應用」還是「美文」。1919年十一月，蔡先生在北京女子高等師範學校演説〈國文之將來〉：「照我的觀察，將來應用文，一定全用白話。但美術文，或者有一部分仍用文言。」美術文指詩歌、小説、劇本三類，其中，「舊式的五七言律詩，與駢文，音調鏗鏘，合乎調適的原則，對仗工整，合乎均齊的原則，在美術上不能説毫無價值。」至於應用文，其功能主要是「記載」與「説明」，《史記》就是好例子。「照這麼看起來，高等師範學校的國文，應該把白話文作為主要。至於文言的美術文，應作為隨意科，就不必人人都學了。」第二年，蔡先生又在北京高等師範學校演説，討論國語的標準，同時強調對於國文系學生來説，「因研究學問的必要，社會生活上的必要，我們不能不教他們實用文」[27]。

這已經是新文化運動興起之後的説法。從1902年編選《文變》，到1919年撰寫《國文之將來》，前清翰林蔡元培很在意「文體感」，而且「與時俱進」。蔡先生區分應用文與美術文，力主應用文用「白話」；這裏所説的「白話」，不是胡適理解的「有什麼話，就怎麼説」，而更接近吳稚暉的「近文的語」，或者朱自清所説的「近語的文」。綜觀蔡元培的文章，或是實用性的淺近文言，或是近文的白話。這與他長期從事教育工作，著力於教科書編纂以及學術演講有關。

蔡元培的演説或文章，從不取巧，難得説笑，唯一的例

外，見1920年十月〈在燕京大學男女兩校聯歡會上的演說
詞〉。司徒雷登校長派定蔡元培代表男校講話，蔡在演說中
委婉拒絕「男校」角色，從本校有九名女生說起，談論北大
如何只問程度，不管性別。既是調侃式的應景，又順帶宣傳
自家主張，兩全其美。

從文字反映生活態度

　　現收入《蔡孑民先生言行錄》的〈美術的起源〉，用的是
初刊《新潮》的修訂本。這本是四萬字的長篇論文，在1920
年的《北京大學日刊》上連載過，改為學術演講稿時，用
白話重新寫定，目的是實踐自己的諾言：說理性質的應用
文，最好用白話。朱自清表彰蔡先生的文章「得體」，不卑
不亢，不驕不諂，說好話說壞話都留有餘地。這不僅僅是技
術性問題，而是待人接物的生活態度。能把複雜的問題說得
很簡單，要言不煩，那是本事，但最重要的還是「待人以
誠」。〈致《公言報》並答林琴南君函〉是蔡元培少有的駁

（上圖）1933年，蔡元培與張
靜江等人的合影。當時蔡元培
任中央研究院院長，以集中專
門人才，分設各種研究所，使
中國科學研究進入一新的時代
為中研院的發展主旨。

論文章，有條不紊，不慍不火，擋過眾多飛來的子彈，轉而闡述自家主張——對於學說，循思想自由原則，取相容並包主義；對於教員，以學詣為主，不干涉其校外活動。只是在談及胡適、錢玄同、周作人的古文修養以及「了解古書之眼光」時，隱含譏諷。至於稱：你譯《茶花女》、《迦茵小傳》等小說而在北大講古文及倫理學，「使有人詆公為以此等小說體裁講文學，以狎妓、奸通、爭有夫之婦講倫理者，寧值一笑歟？」即便有挖苦的味道，仍相對委婉，給對方留足了面子。

蔡元培的著作，屬於哲學的有《中國倫理學史》，屬於文學的有《石頭記索隱》，還有就是這屬於教育學的《蔡子民先生言行錄》。在各自領域中，當然是後者的影響最大，也最能體現眾人稱頌的「古今中外派」之學識淵博與性情溫潤。至於文體，不若著作專精，駁雜中自有筋骨在，那就是探索「近文的語」及「近語的文」。

蔡元培生前死後，有各種文集問世，後出者往往搜羅廣泛，卷數非常可觀，如高平叔編七卷本《蔡元培全集》（北京：中華書局），何莉莉、吳梅東編十四卷本《蔡元培文集》（台北：錦繡出版），以及中國蔡元培研究會編十八卷本《蔡元培全集》（杭州：浙江教育）。可要說影響，還是首推此《蔡子民先生言行錄》，就因其要言不煩，且精神俱在。朱自清認定這是一部有益於青年的好書，尤其看中蔡先生那些達意清切、少用典故的「應用的文言」；我則主張從演說入手，探討蔡先生那些「近語的文」和「近文的語」，尤其關注書中所闡述的大學理念，以及如何借助此理念來改造中國大學。

TOP PHOTO

（上圖）1920年，北大正式招收女學生，這是最初入學的女學生的合影：查曉園、奚湞、王蘭（由左至右）。

年輕人如何閱讀此書

半個多世紀前，朱自清把這本書推薦給中學生，而且專

謹以最純潔
最誠懇之愛
情與
周峻若訂婚
中華民國十
二年三月十
五日蔡元培

蔡元培

（左圖）1923年三月十五日，
蔡元培與第三任妻子周峻訂婚
時的相片。蔡元培一生尊重女
權，第一任妻子過世後，他的
再婚條件便是：不纏足、識
字、男子不娶妾、男死可再
嫁、夫婦不合可離婚等。在當
時相當驚世駭俗。

門寫了個「指導大概」。他當然也談此書的思想內容，但為了配合國文課程學習，更多從「應用的文言」這一角度立論。蔡元培寫文章一點都不花哨，很少用形容詞，也很少用比喻，用詞準確，恰到好處，朱自清認為這就行了。若是不當作家，這樣的文字最應該學。我關注的是另外一個角度，即大學理念及實踐。今天中國，高等教育已經大眾化，適齡人口中，上大學的大約占百分之二十五，而且這個比例還在不斷提升。既然上大學已經很普通，很正常，反過來，我們有必要追問，什麼是「大學」？或者說，什麼是「理想的大學」？每個讀書人，都有權利、也都有義務進行深入的反省。在大學校園裏，不只應該學習各種專門知識，還有必要將「大學」作為一種組織形式與知識體系，來認真閱讀、理解、反省、闡釋。另一方面，「教育」乃實踐性很強的學科，單有文章不夠，還需要當事人「知行合一」。讀《蔡子民先生言行錄》，必須兼及1917至1920年間北京大學所發生的翻天覆地的變化。新文化運動時期北大的業績，與校長蔡元培的故事互為因果，且相得益彰。

蔡先生這本書，涉及諸多大學問題，而且多採用「演說」這麼一種淺白的論述形式，很容易引領我們進入。目前中國，每年大約有兩千五百萬年輕人在大學校園裏生活，我半開玩笑說，應該開一門必修課，就叫「大學學」。不管你唸的是物理、化學，還是哲學、史學，你都有必要稍微了解一下什麼叫「大學」。假如此說成立，不妨將《蔡子民先生言行錄》作為入門書。　　　　　　　　　　　■

【注解】

① 蔡元培：〈在蜀技利中國學生會演說詞〉，《蔡元培全集》第四卷64-66頁，北京：中華書局，1984年。

② 參見羅家倫《逝者如斯集》80-81頁，台北：傳記文學出版社，1967年。

③李小峰：〈新潮社的始末〉，見《五四運動回憶錄》（續）216頁。

④參見〈傳略〉（上），《蔡元培全集》第三卷327頁。

⑤關於蔡元培在萊比錫大學各學期修課科目及講授者，參見蔡元培《自寫年譜》及高平叔撰著《蔡元培年譜長編》上冊，北京：人民教育出版社，1996年。

⑥蔡元培：〈十五年來我國大學教育之進步〉，《蔡元培全集》第五卷90頁，北京：中華書局，1988年。

⑦參見高平叔撰著《蔡元培年譜長編》上冊448頁。

⑧參見陳平原〈我看「大學生就業難」〉，《北京大學教育評論》2004年第四期。

⑨蔡元培：〈讀書與愛國——在杭州之江大學演說詞〉，《蔡元培全集》第五卷123頁。

⑩參見蔡元培〈讀書與愛國——在杭州之江大學演說詞〉及蔣夢麟《西潮》第十六章「擾攘不安的歲月」，96-101頁，台北：世界書局，1962年。

⑪蔡元培：〈美育〉，《蔡元培全集》第五卷508-509頁。

⑫周作人《雨天的書·生活之藝術》（載1924年十一月《語絲》第一期）稱：「生活之藝術這個名詞，用中國固有的字來說便是所謂禮。斯諦耳博士在《儀禮》序上說，『禮節並不單是一套儀式，空虛無用，如後世所沿襲者。這是用以養成自制與整飭的動作之習慣，唯有能領解萬物感受一切之心的人才有這樣安詳的容止。』從前聽說辜鴻銘先生批評英文《禮記》譯名的不妥當，以為『禮』不是rite而是art，當時覺得有點乖僻，其實卻是對的。」

⑬梁啟超：《飲冰室自由書·傳播文明三利器》，《飲冰室合集·專集》第一冊，上海：中華書局，1936年。

⑭黃炎培：《吾師蔡孑民先生哀悼辭》，陳平原、鄭勇編《追憶蔡元培》91-92頁。

⑮參見高平叔《蔡元培年譜長編》上冊402頁。

⑯參見高平叔《蔡元培年譜長編》上冊450-451頁。

⑰參見宣炳善〈大學演講與自我啟蒙〉，《書屋》2005年第八期。

⑱參見《復旦大學志》卷一第29頁，上海：復旦大學出版社，1985年。

⑲參見蘇雲峰《從清華學堂到清華大學（1911－1929）》301-309頁，台北：中央研究院近代史研究所，1996年。

⑳參見楊天石、王學莊編《拒俄運動》，北京：中國社會科學出版社，1979年；桑兵《晚清學堂學生與社會變遷》第二章第三節「以拒俄為中心的學潮高峰」，上海：學林出版社，1995年。

㉑正如蕭超然等《北京大學校史》（北京大學出版社，1988）所說的：「京師大學堂的拒俄運動，是北京大學歷史上發生的第一次政治性群眾運動，是北大學生運動的開端。」（31頁）

㉒參見高平叔《蔡元培年譜長編》中冊342頁。

㉓蔡元培：〈湖南自修大學介紹與說明〉，《蔡元培全集》第四卷247頁。

㉔參見陳平原〈有聲的中國——「演說」與近現代中國文章變革〉（《文學評論》2007年三期）及〈「演說現場」的復原與闡釋——「現代學者演說現場」叢書總序〉（《現代中國》第七輯，北京大學出版社，2006年六月）。

㉕參見高平叔《蔡元培年譜長編》上冊516頁。

㉖湯炳正《憶太炎先生》稱：「當時，應全國學術界的要求，每一門課講畢，即將聽講記錄集印成冊。先生以精力不給，付印前皆未親自審校。因此，在聽講記錄出版時，他堅決反對署上自己的名字。」見陳平原、杜玲玲編《追憶章太炎》368-369頁，北京：三聯書店，2009年。

㉗蔡元培：〈論國文的趨勢及國文與外國語及科學的關係——在北京高等師範學校國文部演說詞〉，《蔡元培全集》第三卷456頁。

北大二三事

（改編自《蔡元培時代的北京大學與五四運動》）

原著：羅家倫
繪圖：ROCKAT

ROCKAT漫畫工作室，由簡振傑與鐘仁杰所成立。
兩人畢業於台灣藝術大學美術系，均是從小看日本漫畫長大的小孩，
以成為漫畫家為畢生職志。
2010網路發表漫畫：Blue Joker －藍色小丑。

北大二三事

校長
蔡孑民

教授哲學，圖書館館長
章行嚴

文科院長
陳獨秀

法科院長
王建祖

工科院長
溫宗宇

教授語音學
劉半農

教授古文
黃季剛

朱希祖
教授史學

夏元瑮
理科院長，教授理論物理

劉師培
教授古文學史

沈尹默
教授國文

沈兼士
教授文字學

陳漢章
教授中國歷史

辜鴻銘
教授外國詩

胡適
教授中國哲學

錢玄同
教授音韻學

蔡孑民上任後，重聘四科的學長。文科學長陳獨秀、理科學長夏元瑮、法科學長王建祖、工科學長溫宗宇。
文科方面，則生氣較多，胡適之是新從美國回來，章行嚴也到學堂來教幾點鐘邏輯。國文方面，則蔡挑了一
批章太炎的學生如黃季剛、錢玄同、沈兼士、沈尹默、朱希祖，更有一位經學大師劉師培，和一位兩足書櫃
陳漢章。還有一位劉半農，本來是在上海做無聊小說的，後來陳獨秀請他到預科教國文。當時大家很看他不
上，不過慢慢地他也走上正路了。
英文方面，則有辜鴻銘，教外國詩，從前有幾個英國人——英國下等流氓——在裏面教英文，蔡到以後，一氣
之下把他們辭退了，這件事鬧到英國公使館來干涉，而蔡不為之動，所以把無聊的外國教員肅清一下。

胡適之說做白話文痛快，世界上哪裏有痛快的事，金聖嘆說過世界上最痛的事，莫過於砍頭，世界上最快的事，莫過於飲酒。胡適之如果要痛快，可以去喝了酒再仰起頸子來給人砍掉。

黃季剛天天詩酒謾罵，在課堂裏面不教書，只是罵人，尤其是對於錢玄同，開口便是說玄同是什麼東西，他那種講義不是抄著我的呢？他對於胡適之文學革命的主張，見人便提出來罵。

國學是非常博大精深的！

還有一個人，讀書很多，自命不凡並痛恨於新文學運動的，便是陳漢章。他所讀的書確實是很多，他一上講堂，便寫黑板，寫完以後一大蓬黑鬍子變成白鬍子了。

老師，請問中國的彈詞起於何時？

羅家倫

‥‥‥

兒會等會兒再告訴你。

2小時後

都兒起源在這了…

75

當時北大的學生，生活是很苦的，一間房子中住著七、八個人，最小的房子才只住三個人，說起飯來，包飯只有四塊五毛一月，當時學生在吃飯時候，除了五個菜以外，每人還分兩個饅頭，大家搶著吃，吃飯是先打鑼的，故有「鑼聲動地，碗底朝天」之謠。

當時我們除了讀書以外實在有一種自由討論的空氣，在那時我們幾個人讀外國書的風氣很盛，其中以傅斯年、汪敬熙和我三個人，尤其喜買外國書，大學的圖書館，對於新書的設備比以前也好些，大家見面時候，便討論著自己所讀的書籍；而回去的時候便去看書或寫信給日本凡善書社去訂買外國書。

群言堂

群居終日言不及義

我認為這個現代女性的意識漸漸抬頭乃是趨勢。

非也～非也～

陳兄此言差矣。

嗯～

除了早晚在宿舍裏面常常爭一個不平以外，還有兩個地方是我們聚合的場所。在這兩個地方，無師生之別，也沒有客氣及禮節等一套，大家到來大家就辯，大家提出問題來大家互相問難。大約每天到了下午三時以後，這兩個房間人是滿的。所以當時大家稱二層樓這個房子為「群言堂」。一層樓那座房子，則稱之為「飽無堂」。

這兩個房子裏面，當時確是充滿學術自由的空氣。大家都是持一種處士橫議的態度。談天的時候，也沒有時間的觀念，總以討論盡興為止。飽無堂還有一種好處，因為李大釗是圖書館主任，所以每逢圖書館的新書到時，他們可以首先看到，而這些新書遂成為討論之資料。

當時的文學革命可以説是從這兩個地方討論出來的，對於舊社會制度和舊思想的抨擊也產生於這兩個地方。

學他人之長，補己之短乃是我們所需...

嗯...未來希望將掌握在我們手中～

既然我們如此志同道合的聚集於此，何不把我們的理念想辦法傳出去。

中國四大發明雖領以世界為先，但卻無精益求精。

這真是個不錯的好主意啊～

飽無堂

飽食終日無所用心

傅斯年和我兩個人，是每月都要向日本凡善株式會社（代收西書的書店）報效一點款子。傅斯年是拋棄了他的老師來談文學革命。他的中國文學，很有根柢，他從前最喜歡讀李義山（李商隱）的詩，後來罵李義山是妖，我說：當時你自己也高興著李義山的時候呢？他回答說：那個時候我自己也是妖。

79

傅斯年同房子的有顧頡剛。俞平伯、汪敬熙和我，都是他房間裏的不速之客。天天要去，去了就爭辯。還有一位狄君武是和傅斯年同房子的，但是他一天到晚咿咿唔唔在做中國小品文字，以斗方名士自命。大家群起而攻他，且當面罵他為「赤犬公」，他也無可如何。這雖然是一件小事，但是可見北大當時各種分子雜居一處的情形及大家有一種學術自由的空氣。

因為不甚滿意於《新青年》一部分的文章，當時大家便說：若是我們也來辦一個雜誌，一定可以和《新青年》抗衡。

於是《新潮雜誌》便應運而產生了。新潮的英文名字為The Renaissance，也可以看見當時大家自命不凡的態度。這個雜誌第一期出來以後，忽然大大的風行。以一部學生所做的雜誌，陡然有這樣大的銷數，是出乎大家意料之外的。最初大家辦這個雜誌的時候，還抱著好玩的心理，等到社會看重了，銷數一多，大家一方面有一種高興的心理，一方面有一種害怕的心理，因為害怕，所以研究的空氣愈加緊張，而新潮第二、三、四、五各期從客觀方面看來，卻比第一期要進步一些。

造反了！

顧頡剛的文字，多半是關於
掊擊舊家庭制度和舊社會制
度，關於婦女問題，也有許
多篇文章加以討論，在當時
大家以為是駭人聽聞的話，
有婦女人格問題一篇，主張
女子應當有獨立的人格，這
篇東西徐世昌看到，説是近
代的青年思想至此，那還得
了。

於是徐世昌要蔡子民辭退兩
個教員，兩個學生，就是當
時所謂四凶，這兩個是《新
青年》的編輯，兩個是《新
潮》的編輯。

找出這本書的負責人

陳獨秀

胡適

四凶

是！

傅斯年

羅家倫

蔡孑民先生當時堅持不肯，他覆林琴南的那一封信，不只是對林琴南説話，並且是對徐世昌而發的。而徐世昌也是所謂北洋文治派的領袖，當時北大同時受北洋文武兩派之反對，其情形之危險也可想而知了。

但是蔡孑民這一封信得到了絕大輿論上之勝利，反因而學術界對他非常敬仰，這真是蔡先生有道德勇氣的地方。於是所謂新文化運動，到了這個時候，其勢遂不可遏抑。

壓不住的新文化火苗

我反對！

科學

新文學

新文化運動

反對專制

反對舊道德

83

號外

去除國賊！去除國賊！
去除國賊！去除國賊！

走狗

日本強制要

撤換兩名

日本欺壓中國

污 辱

小日本

大家高呼口號「我們去除國賊吧！」於是掉轉大旗向親日官員曹汝霖家前進，曹汝霖的房子，是一座很大的滿洲王府式的平房，我們到他家門前，大門已經關了，門口站著一大隊荷槍實彈的警察。大家到門口便大罵國賊，最初拿旗子向屋頂丟去，後來打破了一個短牆的窗子，大家便爬進去。大家看他們進去了，於是接上爬進去的幾十個人，把大門打開，而曹宅的院子裏還站著許多警察，因為學生向他們極力宣傳，所以他們已沒有什麼抵抗。

適巧那一天曹汝霖同駐日公使章宗祥、陸宗輿（親日官員）和一個日本資本家在那裏商議事情，他們以為有著警察保護是不要緊的，我們打進去的時候，曹汝霖便換了警察的衣服混在警察堆裏，從後牆跳出去，陸宗輿怎樣逃走，我們卻不知道，聽說他也來喊口號，喊打倒賣國賊，是否確實，卻不知道了。

去除國賊

衝啊！

那人就是章宗祥！

章宗祥比較老實，他和那個日本人一道躲在一個小房間裏，群眾跑進去的時候，日本人還掩護著他，不久一個北大的校工進來，他說自己是認識章宗祥的，並且說這就是章宗祥，於是大家便動手打起來，把章宗祥拖進曹宅來，拆散了一張鐵床，拿鐵床的棍子來打，所以當時章宗祥確實遍體鱗傷，大家以為他已經死過去了。

蔡孑民先生確是有一種特別的表現，就是五四事情出來以後，他不和前次一樣的辭職，反而聯合各大學的校長，負責要求北京政府釋放被捕的學生。到了五月六日那一天，他們接洽好了，要求各校校長於五月七日命令全體學生復課，以此為條件，可以赦放在捕的學生。徐世昌也有這樣主張。我們全體罷課的決議，乃是五月五日通過的，五月六日的晚上十點多鐘，蔡孑民及湯爾和以及其他專門以上學校的校長，到北大的校長室裏面，把我們找去，說是只要明天全體復課，他明天就立刻可以放人。

會出事的！

總統 徐世昌

若是我們明天復課，他們不放人，怎樣辦？

既然如此，我們明天復課好了。但是我這句話說出來，許多人便反對，以為我們答應下來乃是越權，許多同去的人，也是反對我意見的。我說：「現在為減少同學之危險，這件事非如此辦不可，我們只有從權辦理了。」於是當夜我們分成五隊，去通知全體同學，明天復課。

我們可以用生命人格為擔保，而且警察總監吳炳湘也曾發誓過「如果復課而不放學生，我吳炳湘便是你們終身的兒子」。

所以第二天北京各大學亦先後復課了，到了十點鐘，全部被捕同學從警察所送回學校來，大家都列隊在門口迎接，當時那種痛哭流涕的情形，真是有家人父子於亂離巨劫以後相遇時之同樣感覺。

歷劫歸來

原典選讀

蔡元培 原著

就任演說詞
北京大學校長
（六年一月）

五年前嚴幾道先生為本校校長時，予方服務教育部，開學日曾有所貢獻於同校，諸君多自預科畢業而來，想必聞知。士別三日，刮目相見，況時閱數載，諸君較昔當必為長足之進步矣。予今長斯校，請更以三事為諸君告。

一曰抱定宗旨。諸君來此求學，必有一定宗旨，欲求宗旨之正大與否，必先知大學之性質。今人肄業專門學校，學成任事，此固勢所必然。而在大學則不然。大學者，研究高深學問者也。外人每指摘本校之腐敗，以求學於此者，皆有做官發財思想。故畢業預科者，多入法科，入文科者甚少，入理科者尤少。蓋以法科為干祿之終南捷徑也。因做官心熱，對於教員，則不問其學問之淺深，惟問其官階之大小，官階大者，特別歡迎，蓋為將來畢業有人提攜也。現在我國精於政治者，多入政界，專任教授者甚少，故聘任教員，不得不聘請兼職之人，亦屬不得已之舉。究之外人指摘之當否，姑不具論。然弭謗莫如自修，人譏我腐敗而我不腐敗，問心無愧，於我何損？果欲達其做官發財之目的，則北京不少專門學校：入法科者，盡可肄業法律學堂，入商科者，亦可投考商業學校，又何必來此大學？所以諸君須抱定宗旨，為求學而來。入法科者非為做官，入商科者非為致富。宗旨既定，自趨正軌。諸君肄業於此，或三年，或四年，時間不為不多，苟

能愛惜分陰，孜孜求學，則其造詣，容有底止。若徒志在做官發財，宗旨既乖，趨向自異。平時則放蕩冶遊，考試則熟讀講義；不問學問之有無，惟爭分數之多寡；試驗既終，書籍束之高閣，毫不顧問；敷衍三四年，潦草塞責；文憑到手，即可藉此活動於社會：豈非與求學初衷大相背馳乎？光陰虛過，學問毫無，是自誤也。且辛亥之役，吾人所以革命，因清廷官吏之腐敗。即在今日，吾人對於當軸，多不滿意，亦以其道德淪胥。今諸君苟不於此時植其基，勤其學，則將來萬一生計所迫，出而任事：擔任講席，則必貽誤學生，置身政界，則必貽誤國家。是誤人也。誤己誤人，又豈本心所願乎？故宗旨不可以不正大。此余所希望於諸君者一也。

二曰砥礪德行。方今風俗日偷，道德淪喪，北京社會尤為劣惡，敗德毀行之事，觸目皆是，非根基深固，鮮不為流俗所染。諸君肄業大學，當能束身自愛。然國家之興替，視風俗之厚薄。流俗如此，前途何堪設想。故必有卓絕之士，以身作則，力矯頹俗。諸君為大學學生，地位甚高，肩此重任，責無旁貸。故諸君不惟思所以感己，更必有以勵人。苟德之不修，學之不講，同乎流俗，合乎污世，已且為人輕侮，更何足以感人？然諸君終日伏首案前，芸芸攻苦，毫無娛樂之事，必感身體上之苦痛。為諸君計，莫如以正當之娛樂，易不正當之

娛樂，庶於道德無虧，而於身體有益。諸君入分科時，曾填寫願書，遵守本校規則，苟中道而違之，豈非與原始之意相反乎？故品行不可以不謹嚴。此余所希望於諸君者二也。

三曰敬愛師友。教員之教授，職員之任務，皆以圖諸君求學之便利，諸君能無動於衷乎？至於同學，共處一堂，尤應互相親愛，庶可收切磋之效。余見歐人購物者，每至店肆，店夥殷勤款待，付價接物，互相稱謝。薄物細故，猶懇摯如此；況學術傳習之大端乎？對於師友之敬愛，此余所希望於諸君者三也。

余到校任事，僅數日，校事多未詳悉。前所計畫者二事：

一曰改良講義。諸君研究高深學問，自與中學高等不同，不惟恃教員講授，尤賴一己潛修。以後所印講義，只列綱要，其詳細節目，由教師口授後學者自行筆記，並隨時參考，以期學有心得，能裨實用。

二曰添購書籍。本校圖書館書籍雖多，新出者甚少。刻擬籌集款項，多購新書，以備教員與學生之參考。今日所與諸君陳說者只此，以後會晤日長，隨時再為商榷可也。

北京大學之設立，既二十年於茲，向者自規程而外，別無何等印刷品流布於人間。自去年有日刊，而全校同人，始有聯絡感情、交換意見之機關，且亦藉以報告吾校現狀於全國教育界。顧日刊篇幅無多，且半為本校通告所占，不能載長篇學說，於是有月刊之計畫。

以吾校設備之不完全，教員之忙於授課，而且或於授課以外兼任別種機關之職務，則夫月刊取材之難可以想見。然而吾校必發行月刊者，有三要點焉：

一曰盡吾校同人力所能盡之責任。所謂大學者，非僅為多數學生按時授課，造成一畢業生資格而已也，實以是為共同研究學術之機關。研究也者，非徒輸入歐化，而必於歐化之中為更進之發明；非徒保存國粹，而必以科學方法，揭國粹之真相。雖曰吾校實驗室圖書館等缺略不具，而外界學會工場之屬可無取資，求有所新發明，其難固倍蓰於歐美學者。然十六七世紀以前，歐洲學者，其所憑藉，有以逾於吾人乎？即吾國周秦學者，其所憑藉，有以逾於吾人乎？苟吾人不以此自餒，利用此簡單之設備，短少之時間，以從事於研究，要必有幾許之新義，可以貢獻於吾國之學者，若世界之學者。使無月刊以發表之，則將並此少許之貢獻而斬而不與，吾人之愧慊當何如耶？

二曰破學生專己守殘之陋見。吾國學子，承舉子文人之舊習，雖有少數高才生知以科學為單純之目的，而大多數或以學校為科舉，但能教室聽講，年考及格，有取得畢業證書之資格，則他無所求；或以學校為書院，媛媛姝姝，守一先生之言而排斥其他：於是治文學者，恆蔑視科學，而不知近世文學，全以科學為基礎；治一國文學者，恆不肯兼涉他國，不知文學之進步，亦有資於比較；治自然科學者，局守一門，而不肯稍涉哲學，而不知哲學即科學之歸宿，其中如自然哲學一部，尤為科學家所需要；治哲學者以能讀古書為足用，不耐煩於科學之實驗，而不知哲學之基礎不外科學，即最超然之玄學，亦不能與科學全無關係。有月刊以網羅各方面之學說，庶學者讀之，而於專精之餘，旁涉種種有關係之學理，庶有以祛其褊狹之意見，而且對於同校之教員及學生，皆有交換知識之機會，而不至於隔閡矣。

三曰釋校外學者之懷疑。大學者，囊括大典，網羅眾家之學府也。《禮記·中庸》曰，萬物並育而不相害，道並行而不相悖，足以形容之。如人身然，官體之有左右也，呼吸之有出入也，骨肉之有剛柔也，若相反而實相成。各國大學，哲學之唯心論與唯物論、文學美術之理想派與寫實派、計學之干涉論與放任論、倫理學之動機論與功利論、宇宙

論之樂天觀與厭世觀，常樊然並峙於其中：此思想自由之通則，而大學之所以為大也。吾國承數千年學術專制之積習，常好以見聞所及，持一孔之論。聞吾校有近世文學一科，兼治宋元以後之小說曲本，則以為排斥舊文學，而不知周秦兩漢文學，六朝文學，唐宋文學，其講座固在也；聞吾校之倫理學，用歐美學說，則以為廢棄國粹，而不知哲學門中，於周秦諸子，宋元道學，固亦為專精之研究也；聞吾校延聘講師，講佛學相宗則以為提倡佛教，而不知此不過印度哲學之一支，藉以資心理學論理學之印證，而初無與於宗教，並不破思想自由之原則也。論者知其一而不知其二，則深以為怪，今有月刊以宣布各方面之意見，則校外讀者，當亦能知吾校兼容並收之主義，而不至以一道同風之舊見相繩矣。

　　以上三者，皆吾校所以發行月刊之本意也。至月刊之內容，是否能副此希望，則在吾校同人之自勉，而靜俟讀者之批判而已。

《北京大學二十周年紀念冊》序

人類之進化，所以遠速於他種動物者，以其有歷史。歷史者，能縮若干人若干時之記憶為一組，因得以是為基礎，而更求進步，要不外乎人群之紀念冊耳。最久之紀念，得畫數百年或千年為一時期，如歷史家所謂上古史、中古史、近代史是也。其較短者則自一年，十年，二十五年，以至百年，均可畫為紀念之一期。吾國自虞夏時已有大學之制，見陳教授漢章所作《中國歷代大學學制述》。然往昔大學國學，其性質範圍，均與北京大學不可同年而語。然則往昔之太學國學，直當以高曾祖禰視之，而北京大學本體，則不得不認為二十歲之青年也。吾人當二十歲時，尚未出預備時期，一言一動影響於社會者無多；至五十以後，業經服務社會，則始有較為重要之關係。故世人之作壽序者，率在五十以上，從未有以二十歲而為之者。社會則不然，往往有一二年間成績大著，足為紀念；故如各學校各學會為一周年之紀念者，常有之。本校已歷二十年，其間制度之沿革，人才之聚散，在在與吾國進化之程度有關，幾有非此小冊所能盡：此吾人讀之而聊以自慰者。然使以此二十年中歐美各國大學之成績與吾校相較，則吾人之自慚將如何！往者已矣，伏願自此以後，本此二十年之成績而奮進不已，使他日為二十五年紀念時，頓增重大之關係，略可以減吾人之慚而益其慰，則此紀念冊之編輯為不虛耳。願與吾校同人共勉之。

新聞學大意序

北京大學於去年新設新聞學研究會，請文科教授徐伯軒先生為主任。先生乃草《新聞學》一編，一年中凡四易稿而後定，並徵序於余。

余惟新聞者，史之流裔耳。古之人君，左史記言，右史記事，非猶今新聞中記某某之談話若行動乎？「不修春秋」，錄各國之報告，非猶今新聞中有專電通信若譯件乎？由是觀之，雖謂新聞之內容，無異於史可也。然則我國固早有史學矣，何需乎特別之新聞學？

雖然，新聞之與史，又有異點。兩者雖同記已往之事，史所記不嫌其舊，而新聞所記則愈新愈善。其異一。作史者可以窮年累月以成之，而新聞則成於俄頃。其異二。史者，純粹著述之業，而新聞則有營業性質。其異三。是以我國雖有史學，而不足以包新聞學。

凡學之起，常在其對象特別發展以後。烹飪、裁縫、運輸、建築之學舊矣，積久而始有理化；樹藝、畜牧之業舊矣，積久而始有生物學若農學；思想、辯論、信仰之事舊矣，積久而始有心理論理宗教諸學；音樂、圖畫、雕刻之術舊矣，積久而始有美學。以此例推，則我國新聞之發起（昔之邸報，與新聞性質不同），不過數十年，至今日而始有新聞學之端倪，未為晚也。

新聞事業在歐美各國，均已非常發展，而尤以北

美合眾國為盛。自美國新聞家Joseph Pulitzer君創設新聞學校於哥倫比亞大學，而各大學之特設新聞科者，亦所在多有。新聞學之取資，以美為最便矣。伯軒先生遊學北美時，對於茲學，至有興會。歸國以來，亦頗究心於本國新聞事業。今根據往日所得之學理，而證以近今所見之事實，參稽互證，為此《新聞學》一編，在我國新聞界實為「破天荒」之作。甚願先生與新聞學研究會諸君，更為宏深之研究，使茲會發展而成為大學專科，則我國新聞界之進步寧有涯涘歟。中華民國八年十一月十五日。

北京大學
新聞學研究會
成立之演說

凡事皆有術而後有學。外國之新聞學，起於新聞發展以後。我國自有新聞以來，不過數十年，則至今日而始從事於新聞學，固無足怪。我國第一新聞，是為《申報》。蓋以前雖有所謂邸抄若京報，是不過輯錄成文，非如新聞之有採訪，有評論也。故言新聞自《申報》始。《申報》為西人所創設，實以外國之新聞為模範。其後乃有《滬報》《新聞報》等。戊戌以後，始有《中外日報》《時報》《蘇報》等。十五年前，鄙人在愛國學社辦事時，與《蘇報》頗有關係，其後亦嘗從事於《俄事警聞》《警鐘日報》等。其時於新聞術實毫無所研究，不過藉此以鼓吹一種主義耳。即其他《新聞報》《申報》等，雖專營新聞業，而其規模亦尚小。民國元年以後，新聞驟增；僅北京一隅，聞有八十餘種。自然淘汰之結果，其能持續至今者，較十餘年前之規模大不同矣。惟有發展之道，全恃經驗，如舊官僚之辦事然。苟不濟之以學理，則進步殆亦有限。此吾人所以提出新聞學之意也。

新聞學之內容，幾與各種科學無不相關。外國新聞，多有特闢科學、美術、音樂戲曲等欄者，固非專家不能下筆。即普通紀事，如旅行、探險、營業、犯罪、政聞、戰報等，無不與地理、歷史、經濟、法律、政治、社會等學有關。而採訪編輯之務，尤與心理學有密切之關係。至於記述辯論，則

論理學及文學亦所兼資者也。根據是等科學，而應用於新聞界特別之經驗，是以有新聞學。歐美各國，科學發達，新聞界之經驗又豐富，故新聞學早已成立。而我國則尚為斯學萌芽之期，不能不仿《申報》之例，先介紹歐美新聞學。是為吾人第一目的。我國社會與外國社會有特別不同之點。因而我國新聞界之經驗，亦與外國有特別不同之點。吾人本特別之經驗而歸納之，以印證學理，或可使新聞學有特別之發展。是為吾人第二目的。想到會諸君均所贊成也。

抑鄙人對於我國新聞界尚有一種特別之感想。乘今日集會之機會，報告於諸君，即新聞中常有猥褻之紀聞若廣告是也。聞英國新聞，雖治療霉毒之廣告，亦所絕無。其他各國，雖疾病之名詞，無所謂忌諱，而春藥之揭帖，冶遊之指南，則絕對無之。新聞自有品格也。吾國新聞，於正張中無不提倡道德，而廣告中則誨淫之藥品與小說，觸目皆是，或且附印小報，特闢花國新聞等欄，且廣收妓寮之廣告。此不特新聞家自毀其品格，而其貽害於社會之罪，尤不可恕。諸君既研究新聞學，必皆與新聞界有直接或間接之關係，幸有以糾正之。

今日為畫法研究會第二次始業式。人數視前加增，是極好的現象。此後對於習畫，余有二種希望，即多作實物的寫生，及持之以恆二者是也。中國畫與西洋畫，其入手方法不同。中國畫始自臨摹，外國畫始自實寫。芥子園畫譜，逐步分析，乃示人以臨摹之階，此其故與文學、哲學、道德有同樣之關係。吾國人重文學，文學起初之造句，必倚傍前人，入後方可變化，不必拘擬。吾國人重哲學，哲學亦因歷史之關係，其初以前賢之思想為思想，往往為其成見所囿，日後漸次發展，始於已有之思想，加入特別感觸，方成新思想。吾國人重道德，而道德自模範人物入手。三者如是，美術上遂亦不能獨異。西洋則自然科學昌明，培根曰，人不必讀有字書，當讀自然書。希臘哲學家言物類原始，皆託於自然科學。亞里斯多德隨亞歷山大王東征，即留心博物學。德國著名文學家鞠台喜研究動植物，發見植物千變萬殊，皆從葉發生。西人之重視自然科學如此，故美術亦從描寫實物入手。今世為東西文化融合時代；西洋之所長，吾國自當採用。抑有人謂西洋昔時已採用中國畫法者，義大利文學復古時代，人物畫後加以山水，識者謂之中國派；即法國路易十世時，有羅科科派，金碧輝煌，說者謂參用我國畫法。又法國畫家有摩耐者，其名畫寫白黑二人，惟取二色映帶，他畫亦多此類，近

在北京大學
畫法研究會
之演說詞

於吾國畫派。彼西方美術家，能採用我人之長，我人獨不能採用西人之長乎？故甚望中國畫者，亦須採西洋畫布景實寫之佳，描寫石膏物像及田野風景，今後諸君均宜注意。此予之希望者一也。又昔人學畫，非文人名士任意塗寫，即工匠技師刻畫模仿。今吾輩學畫，當用研究科學之方法貫注之。除去名士派毫不經心之習，革除工匠派拘守成見之譏，用科學方法以入美術。美雖由於天才，術則必資練習。故入會後當認定主義，誓以終身不捨，興到即來，時過情遷，皆當痛戒。諸君持之以恆，始不負自己入斯會之本意。此予之希望者二也。除此之外，余欲報告者三事：（一）花卉畫導師陳師曾先生辭職，本會今後擬別請導師，俟決定後再行發表。（二）畫會會所急求擴充，俟覓得相當地點，再行遷徙，與各會聯絡一起。（三）上學年所擬向收藏家借畫辦法，本年擬實行，擬請馮漢叔先生籌之。

《公言報》記者足下：讀本月十八日貴報，有「請看北京大學思潮變遷之近狀」一則，其中有林琴南君致鄙人一函。雖原函稱「不必示覆」，而鄙人為表示北京大學真相起見，不能不有所辨正。謹以答林君函抄奉，請為照載。又貴報稱「陳胡等絕對的菲棄舊道德，毀斥倫常，詆排孔孟」，大約即以林君之函為據，鄙人已於致林君函辨明之。惟所云「主張廢國語而以法蘭西文字為國語之議」，何所據而云然？請示覆。

答林琴南君函如左：

琴南先生左右，於本月十八日《公言報》中，得讀惠書，索劉應秋先生事略。憶第一次奉函時，曾抄奉趙君原函，恐未達覽，特再抄一通奉上，如荷題詞，甚幸。

附錄趙體孟君來函

敬懇者：敝郡明遺老劉應秋先生遺著。（《說經史》十卷，《草樓詩集》五卷，《硯齋文集》五卷），特求台端加以品題。此書雖非一種學說，然文章之美，則上窺漢魏，下摭初唐，尚不失為彬雅。先生諱應秋，字體元，生平甘貧樂道，杜門謝客。康熙癸未時，曾辭神木司鐸之命，群人父老相傳，顧亭林遊歷至此，與先生訂為文字交。然遺著零落，無可考究，是以為憾。是稿原先生不能災

木，後付張鵬飛補山先生發印，曾經吳門陸儼庭先生鑑定，又未果。今原稿存補山家中一二，移散友人處五六。孟思先生一生咿唔斗室八十餘載，若不獻世，則滄海桑田，焉不盡滅。先是補山先生某日至學園，見焚字紙者，近取諦視，則先生之遺著在焉。審之則一半已付秦灰，言原著四十餘本，今所存者則二十一二耳。先生後嗣至六世而遂絕，故孟欲集梓行，而力未勝。今介紹商務書館以重價始讓版權發行，不揣冒昧，謹為先容，尚希雅鑑。懇介紹任公太炎又林琴南諸先生代為品題。

　　公書語長心重，深以外間謠諑紛集為北京大學惜，甚感。惟謠諑必非實錄，公愛大學，為之辨正可也。今據此紛集之謠諑，而加以責備，將使耳食之徒，益信謠諑為實錄，豈公愛大學之本意乎？原公之所責備者，不外兩點：一曰，「覆孔孟鏟倫常」。二曰，「盡廢古書，行用土語為文字」。請分別論之。

　　對於第一點，當先為兩種考察：（甲）北京大學教員，曾有以「覆孔孟鏟倫常」教授學生者乎？（乙）北京大學教授曾有於學校以外，發表其「覆孔孟鏟倫常」之言論者乎？

　　請先察「覆孔孟」之說。大學講義，涉及孔孟者，惟哲學門中之中國哲學史。已出版者，為胡適

之君之《中國上古哲學史大綱》，請詳閱一過，果有「覆孔孟」之說乎？特別講演之出版者，有崔懷瑾君之《論語足徵記》，《春秋復始》。哲學研究會中，有梁漱溟君提出「孔子與孟子異同」問題，與胡默青君提出「孔子倫理學之研究」問題。尊孔者多矣，寧曰覆孔？

若大學教員，於學校以外，自由發表意見，與學校無涉，本可置之不論。當姑進一步而考察之，則惟《新青年》雜誌中，偶有對於孔子學說之批評，然亦對於孔教會等託孔子學說以攻擊新學說者而發，初非直接與孔子為敵也。公不云乎？「時乎井田封建，則孔子必能使井田封建，一無流弊。時乎潛艇飛機，則孔子必能使潛艇飛機，不妄殺人。衛靈問陳，孔子行。陳恆弒君，孔子討。同兵與不用兵，亦正決之以時耳。」使在今日，有拘泥孔子之說，必復地方為封建；必以兵車易潛艇飛機；聞俄人之死其皇，德人之逐其皇，而曰必討之，豈非昧於「時」之義，為孔子之罪人，而吾輩所當排斥者耶？

次察「鏟倫常」之說。常有五，仁義禮智信，公既言之矣。倫亦有五，君臣父子兄弟夫婦朋友。其中君臣一倫，不適於民國，可不論。其他父子有親，兄弟相友（或曰長幼有序），夫婦有別，朋友有信，在中學以下修身教科書中，詳哉言之。大學

之倫理學，涉此者不多。然從未有以父子相夷，兄弟相鬩，夫婦無別，朋友不信，教授學生者。大學尚無女學生，則所注意者，自偏於男子之節操。近年於教科以外，組織一進德會，其中基本戒約，有不嫖，不娶妾兩條。不嫖之戒，絕不背於古代之倫理。不娶妾一條，則且視孔孟之說為尤嚴矣。至於五常，則倫理學中之言仁愛，言自由，言秩序，戒欺詐，而一切科學，皆為增進知識之需。寧有鏟之之理歟？

若大學教員，既於學校以外，發表其「鏟倫常」之主義乎？則試問有誰何教員，曾於何書，何雜誌，為父子相夷，兄弟相鬩，夫婦無別，朋友不信之主張者？曾於何書，何雜誌，為不仁、不義、不智，不信，及無禮之主張者？公所舉「斥父母為自感情欲，於己無恩」，謂隨園文中有之。弟則憶《後漢書·孔融傳》：路粹枉狀奏融有曰：「前與白衣禰衡跌蕩放言，云，父之於子，當有何親？論其本意，實為情欲發耳；子之於母，亦復奚為？譬如寄物瓶中，出則離矣。」孔融禰衡並不以是損其聲價，而路粹則何如者？且公能指出誰何教員，曾於何書，何雜誌，述路粹或隨園之語，而表其極端贊成之意者？且弟亦從不聞有誰何教員，崇拜李贄其人而願拾其唾餘者。所謂「武曌為聖王，卓文君為賢媛」，何人曾述斯語，以號於眾，公能證明之

歟？

對於第二點，當先為三種考察：（甲）北京大學是否已盡廢古文而專用白話？（乙）白話果是否能達古書之義？（丙）大學少數教員所提倡之白話的文字，是否與引車賣漿者所操之語相等？

請先察「北京大學是否已盡廢古文而專用白話」。大學預科中，有國文一課，所據為課本者，曰模範文，曰學術文，皆古文也。其每月中練習之文，皆文言也。本科中國文學史、西洋文學史、中國古代文學、中古文學、近世文學，又本科預科皆有文字學，其編成講義而付印者，皆文言也。於北京大學《月刊》中，亦多文言之作。所可指為白話體者，惟胡適之君之《中國古代哲學史大綱》，而其中所引古書，多屬原文，非皆白話也。

次考察「白話是否能達古書之義」。大學教員所編之講義，固皆文言矣。而上講壇後，絕不能以背誦講義塞責，必有賴於白話之講演；豈講演之語，必皆編為文言而後可歟？吾輩少時讀《四書集注》、《十三經注疏》，使塾師不以白話講演之，而編為類似集注，類似注疏之文言以相授，吾輩豈能解乎？若謂白話不足以講說文，講古籀，講鐘鼎之文，則豈於講壇上當背誦徐氏《說文解字繫傳》，郭氏《汗簡》，薛氏《鐘鼎款識》之文，或編為類此之文言而後可，必不容以白話講演之歟？

又次考察「大學少數教員所提倡之白話的文字，是否與引車賣漿者所操之語相等」。白話與文言，形式不同而已，內容一也。《天演論》、《法意》、《原富》等，原文皆白話也，而嚴幼陵君譯為文言。少仲馬、迭更司、哈德等所著小說，皆白話也，而公譯為文言。公能謂公及嚴君之所譯，高出於原本乎？若內容淺薄，則學校報考時之試卷，普通日刊之論說，盡有不值一讀者，能勝於白話乎？且不特引車賣漿之徒而已，清代目不識丁之宗室，其能說漂亮之京話，與《紅樓夢》中寶玉黛玉相埒，其言果有價值歟？熟讀《水滸》《紅樓夢》之小說家，能於《續水滸傳》《紅樓復夢》等書以外，為科學哲學之講演與？公謂：「《水滸》《紅樓》作者，均博極群書之人，總之非讀破萬卷，不能為古文，亦並不能為白話。」誠然，誠然。北京大學教員中，善作白話文者，為胡適之、錢玄同、周啟孟諸君。公何以證知為非博極群書，非能作古文，而僅以白話文藏拙者？胡君家世從學，其舊作古文，雖不多見，然即其所作《中國哲學史大綱》言之，其了解古書之眼光，不讓於清代乾嘉學者。錢君所作之文字學講義，學術文通論，皆古雅之古文。周君所譯之《域外小說》，則文筆之古奧，非淺學者所能解。然則公何寬於《水滸》《紅樓》之作者，而苛於同時之胡錢周諸君耶？

至於弟在大學，則有兩種主張如左：

（一）對於學說，仿世界各大學通例，循「思想自由」原則，取兼容並包主義，與公所提出之「圓通廣大」四字，頗不相背也。無論有何種學派，苟其言之成理，持之有故，尚不達自然淘汰之運命者，雖彼此相反，而悉聽其自由發展。此義已於《月刊》之發刊詞言之，抄奉一覽（見另編）。

（二）對於教員，以學詣為主，在校講授，以無背於第一種之主張為界限。其在校外之言動，悉聽自由。本校從不過問，亦不能代負責任。例如復辟主義，民國所排斥也，本校教員中，有拖長辮而持復辟論者，以其所授為英國文學，與政治無涉，則聽之。籌安會之發起人，清議所指為罪人者也，本校教員中有其人，以其所授為古代文學，與政治無涉，則聽之。嫖賭娶妾等事，本校進德會所戒也，教員中間有喜作側艷之詩詞，以納妾狎妓為韻事，以賭為消遣者，苟其功課不荒，並不誘學生而與之墮落，則姑聽之。夫人才至為難得，若求全責備，則學校殆難成立。且公私之間，自有天然界限。譬如公曾譯有《茶花女》《迦茵小傳》《紅礁畫槳錄》等小說，而亦曾在各學校講授古文及倫理學。使有人詆公為以此等小說體裁講文學，以狎妓姦通爭有夫之婦講倫理者，寧值一笑歟？然則革新一派，即偶有過激之論，苟於校課無涉，亦何必強以其責任

歸之於學校耶？此覆，並候著祺。八年三月十八
日，蔡元培敬啟。

請看北京學界思潮變遷之近狀

北京大學之新舊學派……兩種雜誌之對抗……第三者之調停派學說……三者以外之學者議論……林琴南致蔡鶴卿書

北京近日教育雖不甚發達，而大學教師各人所鼓吹之各式學說，則五花八門，頗有足紀者。國立北京大學自蔡子民氏任校長後，氣象為之一變，尤以文科為甚。文科學長陳獨秀氏，以新派首領自居，平昔主張新文學甚力，教員中與陳氏沆瀣一氣者，有胡適、錢玄同、劉半農、沈尹默等。學生聞風興起，服膺師說，張大其辭者，亦不乏人。其主張以為文學須順應世界思潮之趨勢，若吾中國歷代相傳者，乃為雕琢的阿諛的貴族文學、陳腐的鋪張的古典文學、迂晦的艱澀的山林文學，應根本推翻，代以平民的抒情的國民文學、新鮮的立誠的寫實文學、明瞭的通俗的社會文學。此文學革命之主旨也。自胡適氏主講文科哲學門後，旗鼓大張，新文學之思潮，亦澎湃而不可遏。既前後抒其議論於《新青年》雜誌，而於其所教授之哲學講義，亦且改用白話文體裁。近又由其同派之學生，組織一種雜誌曰《新潮》者，以張皇其學說。《新潮》之外，更有《每周評論》之印刷物發行，其思想議論之所及，不僅反對舊派文學，冀收摧殘廓清之功，即於社會所傳留之思想，亦直接間接發見其

不適合之點，而加以抨擊。蓋以人類社會之組織，與文學本有密切之關係；人類之思想，更為文學實質之所存。既反對舊文學，自不能不反對舊思想也，顧同時與之對峙者，有舊文學一派。舊派中以劉師培氏為之首，其他如黃侃、馬敘倫等，則與劉氏結合，互為聲援者也。加以國史館之耆老先生，如屠敬山、張相文之流，亦復深表同情於劉黃。劉黃之學，以研究音韻說文訓詁為一切學問之根，以綜博考據講究古代制接跡漢代經史之軌，文章則重視八代而輕唐宋，目介甫子瞻為淺陋寡學。其於清代所謂桐城派之古文家，則深致不滿，謂彼輩學無所根，而徒斤斤於聲調，更藉文以載道之說，假義理為文章之面具，殊不值通人一笑。從前大學講壇，為桐城派古文家所占領者，迄入民國，章太炎學派代之以興。在姚叔節、林琴南輩，目擊劉黃諸後生之梟比坐擁，已不免有文藝衰微之感。然若視新文學派之所主張，更當認為怪誕不經，似為其禍之及於人群，直無異於洪水猛獸。轉顧太炎新派，反若塗軌之猶能接近矣。頃者劉黃諸氏以陳胡等與學生結合，有種種印刷物發行也。乃亦組織一種雜誌，曰《國故》，組織之名義，出於學生，而主筆政之健將，教員實居其多數。蓋學生中固亦分舊新兩派，而各主其師說者也。二派雜誌，旗鼓相當，互相爭辯，當然有裨於文化。第不言忘其辯論之範

圍，純任意氣，各以惡聲相報復耳。至於介乎二派者，則有海鹽朱希祖氏，朱亦太炎之高足弟子也，邃有國學，且明於世界文學進化之途徑，故於舊文學之外，兼冀組織新文學。惟彼之所謂新者，非脫卻舊之範圍，蓋其手段不在於破壞，而在於改良。以記者之愚，似覺朱氏之主張較為適當也。日前喧傳教育部有訓令達大學，令其將陳錢胡三氏辭退，但經記者之詳細調查，則知尚無其事。唯陳胡等對於新文學之提倡，不第舊文學一筆抹殺，而且絕對的菲棄舊道德，毀斥倫常，詆排孔孟。並且有主張廢國語而以法蘭西文字為國語之議，其魯莽滅裂，實亦太過。頃林琴南氏有致蔡子民一書，洋洋千言，於學界前途，深致悲閔。茲將原書刊布於下，讀者可以知近日學風變遷之劇烈矣。林答蔡書云：

鶴卿先生太史足下：與公別十餘年，壬子一把晤，匆匆八年，未通音問，至為歉屬。辱賜書以遺民劉應秋先生遺著囑為題詞，書未梓行，無從拜讀。能否乞趙君作一短簡事略見示，謹撰跋尾歸之。嗚呼！明室敦氣節，故亡國時殉烈者眾。而夏峰梨洲亭林楊園二曲諸老，均脫身斧鉞，其不死幸也。我公崇尚新學，乃亦垂念逋播之臣，足見名教之孤懸，不絕如縷，實望我公為之保全而護惜之，至慰至慰。雖然，尤有望於公者，大學為全國師表，五常之所繫屬。近者外間謠諑紛集，我公必有

所聞，即弟亦不無疑信，或且有惡乎闒茸之徒，因生過激之論，不知救世之道，必度人所能行，補偏之言，必使人以可信。若盡反常軌，侈為不經之談，則毒粥既陳，旁有爛腸之鼠，明燎宵舉，下有聚死之蟲，何者趨甘就熱，不中其度，則未有不斃者。方今人心喪敝，已在無可救挽之時，更侈奇創之談，用以譁眾。少年多半失學，利其便己，未有不糜沸麕至而附和之者，而中國之命如屬絲矣。晚清之末造，慨世者恆曰去科舉、停資格、廢八股、斬豚尾、復天足、逐滿人、撲專制、整軍備，則中國必強，今百凡皆遂矣，強又安在？於是更進一解，必覆孔孟、鏟倫常為快。嗚呼！因童子之羸困，不求良醫，乃追責其二親之有隱瘵，逐之，而童子可以日就肥澤，有是理耶？外國不知孔孟，然崇仁，仗義，矢信，尚智，守禮，五常之道，未嘗悖也，而又濟之以勇。弟不解西文，積十九年之筆述，成譯著一百二十三種，都一千二百萬言，實未見中有違忤五常之語，何時賢乃有此叛親蔑倫之論，此其得諸西人乎？抑別有所授耶？我公心右漢族，當在杭州時，閉關避禍，與夫人同茹辛苦，宗旨不變，勇士也。方公行時，弟與陳叔通惋惜公行，未及一送。申伍異趣，各衷其是。蓋今公為民國宣力，弟仍清室舉人，交情固在，不能視若冰炭。故辱公寓書，殷殷於劉先生之序跋，實隱示明

清標季各有遺民，其志均不可奪也。弟年垂七十，富貴功名，前三十年視若棄灰，今篤老，尚抱守殘缺，至死不易其操。前年梁任公倡馬班革命之說，弟聞之失笑。任公非劣，何為作此媚世之言。馬班之書，讀者幾人，殆不革而自革，何勞任公費此神力。若云死文字有礙生學術，則科學不用古文，古文亦無礙科學。英之迭更，累斥希臘、臘丁、羅馬之文為死物。而至今仍存者，迭更雖躬負盛名，固不能用私心以蔑古，矧吾國人尚有何人如迭更者耶？須知天下之理，不能就便而奪常，亦不能取快而滋弊。使伯夷叔齊生於今日，則萬無濟變之方。孔子為聖之時，時乎井田封建，則孔子必能使井田封建一無流弊；時乎潛艇飛機，則孔子必能使潛艇飛機不妄殺人。所以名為時中之聖。時者，與時不悖也。衛靈問陣，孔子行；陳恆弒君，孔子討。用兵與不用兵，亦正決之以時耳。今必曰天下之弱弱於孔子，然則天下之強，宜莫強於威廉。以柏靈一隅，抵抗全球皆敗衄無措，直可為萬世英雄之祖。且其文治武功、科學、商務，下及工藝，無一不冠歐洲，胡為憫憫為荷蘭之寓公？若云成敗不可以論英雄，則又何能以積弱歸罪孔子？彼莊周之書，最擯孔子者也。然《人間世》一篇，盛推孔子。所謂人間世者，不能離人而立之謂。其託顏回，託葉公子高之問難孔子，陳以接人處眾之道，則莊周亦未

嘗不近人情而忤孔子。乃世士不能博辯，為千載以上之莊周，竟咆勃為千載以下之桓魋，一何其可笑也。且天下唯有真學術、真道德，始足獨樹一幟，使人景從。若盡廢古書，行用土語為文字，則都下引車賣漿之徒所操之語。按之皆有文法，不類閩廣人無為文法之啁啾。據此則凡京津之稗販，均可用為教授矣。若《水滸》《紅樓》皆白話之聖，並足為教科之書，不知《水滸》中辭吻多採岳珂之《金陀萃篇》，《紅樓》亦不止為一人手筆，作者均博極群書之人。總之非讀破萬卷，不能為古文，亦並不能為白話。若化古子之言為白話演說，亦未嘗不是。按說文演長流也，亦有延之廣之之義。法當以短演長，不能以古子之長演為白話之短。且使人讀古子者，須讀其原書耶，抑憑講師之三語即算為古子？若讀原書，則又不能全廢古文矣。翊於古子之外，尚以《說文》講授。《說文》之學，非俗書也，當參以古籀，證以鐘鼎之文。試思用籀篆可化為白話耶？果以篆籀之文，雜之白話之中，是引漢唐之環燕與村婦談心，陳商周之俎豆為野老聚飲，類乎不類？弟閩人也，南蠻鴃舌，亦願習中原之語言，脫授我者以中原之語言，仍令我為鴃舌之閩語，可乎？蓋存國粹而授《說文》可也。以《說文》為客，以白話為主，不可也。乃近來尤有所謂新道德者，斥父母為自感情欲，於己無恩。此語曾

一見之隨園文中，僕方以為於不倫，斥袁枚為狂
謬，不圖竟有用為講學者。人類畜鳴，辯不屑辯，
置之可也。彼又云，武曌為聖王，卓文君為名媛。
此亦拾李卓吾之餘唾。卓吾有禽獸行，故發是言。
李穆堂又拾其餘唾，尊嚴嵩為忠臣。今試問二李
之名，學生能舉之否？同為挨減，何苦增茲口舌，
可悲也！大凡為士林表率，須圓通廣大，據中而
立，方能率由無弊。若憑位分勢利而施趨怪走奇之
教育，則惟穆默德左執刀而右傳教，始可如其願
望。今全國父老以子弟託公，願公留意，以守常為
是。況天下溺矣，藩鎮之禍，逼在眉睫，而又成為
南北美之爭。我公為南士所推，宜痛哭流涕，助成
和局，使民生有所蘇息。乃以清風亮節之躬，而使
議者紛集，甚為我公惜之。此書上後，可以不必示
覆，唯靜盼好音，為國民端其趣向。故人老悖，甚
有幸焉。愚直之言，萬死萬死。林紓頓首。

回任
北京大學校長
在全體學生
歡迎會演說
（八年九月）

別來忽忽四個月。今日得與諸君相見，我心甚為愉快。但自我出京以後，諸君經了許多艱難危險的境遇；我臥病在鄉，不能稍效斡旋維持之勞，實在抱歉得很。我以為諸君一定恨我罵我，要與我絕交了；不意我屢次辭職，諸君要求復職。我今勉強來了，與諸君相見，諸君又加以歡迎的名目，並陳極懇摯之歡迎詞，真叫我感謝之餘，慚愧得了不得。

諸君的愛國運動，事屬既往，全國早有公論，我不必再加批評。惟我從別方面觀察，覺得在這時期，看出諸君確有自治的能力，自動的精神，想諸君也能自信的。諸君但能在校中保持這種自治的能力，管理上就不成問題；能發展這種自動的精神，學問上除得幾個積學的教員隨時指導，有圖書儀器足供參考試驗外，沒有什麼別的需要。至於校長一職，簡直可不必措意了。

諸君都知道德國革命以前是很專制的。但是他的大學，是極端的平民主義；他的校長與各科學長，都是每年更迭一次，由教授會公舉的；他的校長，由四科教授迭任，如甲年所舉是神學科教授，乙年所舉是醫學科教授，丙年所舉是法學科教授，丁年所舉是哲學科教授，周而復始，照此遞推。諸君試想，一科的教授，當然與他科的學生很少關係；至於神學科教授，尤為他科的學生所討厭的；但是他們按年輪舉，全校學生從沒有為校長發生問題的。

我初到北京大學，就知道以前的辦法，是一切學務都由校長與學監主任、庶務主任少數人辦理，並學長也沒有與聞的。我以為不妥，所以第一步組織評議會，給多類教授的代表，議決立法方面的事；恢復學長的權限，給他們分任行政方面的事。但校長與學長，仍是少數，所以第二步組織各門教授會，由各教授與所公舉的教授會主任分任教務。將來更要組織行政會議，把教務以外的事務，均取合議制。並要按事務性質，組織各種委員會，來研究各種事務。照此辦法，學校的內部組織完備，無論何人來任校長，都不能任意辦事。即使照德國辦法，一年換一個校長，還成問題麼？

　　這一次愛國運動，要是認定單純的目的，到德約絕不簽字，曹陸章免職，便算目的達到，可以安心上課了。不幸牽入校長問題，又生出許多枝節，這不能不算是遺憾。所望諸君此後能保持自治的能力，發展自動的精神，並且深信大學組織日臻穩固，不但一年換一個校長，就是一年換幾個校長，對於諸君研究學問的目的，是絕無妨礙的，諸君不要再為校長的問題分心，這就不辜負我們今日的一番聚會了。

北京大學
二十二周年
開學式之訓詞
（八年九月）

今日為北京大學第二十二年的開學日。新到諸生，差不多占四分之一，本來舊生所知道的，也當為新生申說大概。況此次學潮以後，外邊頗有謂北京大學學生，專為政治運動，能動不能靜的。不知道本校學生，這次的加入學潮，是激於一時的愛國熱誠，為特別活動，一到研究學問的機會，仍是非常鎮靜的。外邊流言，實是誤會。但是我們也不可不做「有則改之，無則加勉」的打算。所以我現在把北京大學的教育方針說說，不但給新生指示趨向，也是為舊生提醒一番的意思。

諸君須知大學，並不是販賣畢業的機關，也不是灌輸固定知識的機關，而是研究學理的機關。所以大學的學生，並不是熬資格，也不是硬記教員講義，是在教員指導之下自動的研究學問的。為要達上文所說的目的，所以延聘教員，不但是求有學問的，還要求於學問上很有研究的興趣，並能引起學生的研究興趣的。不但世界的科學取最新的學說，就是我們本國固有的材料，也要用新方法來整理他。這種標準，雖不是一時就能完全適合，但我們總是向這方面進行。又如圖書雜誌儀器標本，研究學理上所必不可少的，我們限於經費，雖不能一時購置完善，但也是逐年增加的。且既然認定大學是研究學理的機關，對於純粹學理的文理科，自當先做完全的建設。我們因文理科尚有許多門類，為經

費與地位所限，不能一時並設，所以乘北洋大學同是國立，同有土木工科、採礦冶金科的關係，把工科歸併北洋。即用工科的經費與教室實驗室，來擴充理科的一部分。研究學理，不可不摒除紛心的嗜好，所以本校提倡進德會，對於嫖賭的惡習，官吏議員的運動，是懸為戒律的。研究學理，必要有一種活潑的精神，不是學古人「三年不窺園」的死法能做到的。所以本校提倡體育會、音樂會、書畫研究會等，來涵養心靈。大凡研究學理的結果，必要影響於人生。倘沒有養成博愛人類的心情，服務社會的習慣，不但印證的材料不完全，就是研究的結果也是虛無。所以本校提倡消費公社、平民講演、校役夜班，與新潮雜誌等，這些都是本校最注重的事項，望諸君特別注意。

抑本校很願多延各國碩學來校講授；惜機會很不易得。今年適值杜威博士來華遊歷，本校得博士及哥倫比亞大學校長的允許，得請博士留華一年，在本校講授哲學，這是很難得的機會。所以今日特請博士演說，並先為紹介。

國文之將來

（八年十一月十七日在女子高等師範學校演說）

今日是貴校毛校長與國文部陳主任代表國文部諸君要我演說，我願意把國文的問題提出來討論。尤願意把高等師範學校應當注意那一種國文的問題提出來討論。所以預擬了「國文之將來」的題目。

國文的問題，最重要的，就是白話與文言的競爭。我想將來白話派一定占優勝的。

白話是用今人的話，來傳達今人的意思，是直接的。文言是用古人的話，來傳達今人的意思，是間接的。間接的傳達，寫的人與讀的人，都要費一番翻譯的工夫，這是何苦來？我們偶然看見幾個留學外國的人，寫給本國人的信，都用外國文，覺得很好笑。要是寫給今人看的，偏用古人的話，不覺得好笑麼？

從前的人，除了國文，可算是沒有別的功課，從六歲起，到二十歲，讀的寫的，都是古人的話，所以學得很像。現在應學的科學，很多了，要不是把學國文的時間騰出來，怎麼來得及呢？而且從前學國文的人，是少數的，他的境遇，就多費一點時間，還不要緊。現在要全國的人，都能寫能讀，那能叫人人都費這許多時間呢？歐洲十六世紀以前，寫的讀的都是拉丁文。後來學問的內容複雜了，文化的範圍擴張了，沒有許多時間來摹仿古人的話，漸漸兒都用本國文了。他們的中學校，本來用希臘文、拉丁文做主要科目的。後來創設了一種中學，

不用希臘文。後來又創設一種中學，不用拉丁文了。日本維新的初年，出版的書，多用漢文。到近來，幾乎沒有不是言文一致的。可見由間接的，趨向直接的，是無可抵抗的，我們怎麼能抵抗他呢？

有人說：文言比白話有一種長處，就是簡短，可以省寫讀的時間。但是腦子裏翻譯的時間，可以不算麼？

有人說：文言是統一中國的利器，換了白話，就怕各地方用他本地的話，中國就分裂了。但是提倡白話的人，是要大家公用一種普通話，藉著寫的白話，來統一各地方的話，並且用讀音統一會所定的注音字母，來幫助他，那裏會分裂呢？要說是靠文言來統一中國，那些大多數不通文言的人，豈不摒斥在統一以外麼？

所以我敢斷定白話派一定占優勝。但文言是否絕對的被排斥，尚是一個問題。照我的觀察，將來應用文，一定全用白話，但美術文，或者有一部分仍用文言。

應用文，不過記載與說明兩種作用。前的是要把所見的自然現象或社會經歷給別人看。後的是要把所見的真偽善惡美醜的道理與別人討論。都止要明白與確實，不必加新的色彩，所以宜於白話。譬如司馬遷的《史記》，不是最有名的著作麼？他記唐虞的事，把欽字都改作敬字，克字都改作能字，

其餘改的字很多，記古人的事，還要改用今字，難道記今人的事反要用古字麼？又如六朝人喜作駢體文，但是譯佛經的人，別創一種近似白話的文體，不過直譯印度文與普通話不同罷了。後來禪宗的語錄，就全用白話。宋儒也是如此。可見記載與說明，應用白話，古人已經見到，將來的人，自然更知道了。

美術文，大約可分為詩歌、小說、劇本三類。小說從元朝起，多用白話。劇本，元時也有用白話的，現在新流行的白話劇，更不必說了。詩歌，如《擊壤集》等，古人也用白話，現在有幾個人，能做很好的白話詩，可以料到將來，是統統可以用白話的。但是美術，有兼重內容的，如圖畫、造像等。也有專重形式的，如音樂、舞蹈、圖畫等。專重形式的美術，在乎支配均齊，節奏調適。舊式的五七言律詩，與駢文，音調鏗鏘，合乎調適的原則，對仗工整，合乎均齊的原則，在美術上不能說毫無價值。就是白話文盛行的時候，也許有特別傳習的人。譬如我們現在通行的，是楷書，行書，但是寫八分的，寫小篆的，寫石鼓文，或鐘鼎文的，也未嘗沒有。將來文言的位置，也是這個樣子。

至於高等師範的學生，是預備畢業後，做師範學校與中學校的教習的。中學校的學生，雖然也許讀幾篇美術文，但練習的文，不外記載與說明兩種。

師範學校的學生，是小學校教習的預備，小學校當然用白話文。照這麼看起來，高等師範學校的國文，應該把白話文作為主要。至於文言的美術文，應作為隨意科，就不必人人都學了。

燕京大學男女兩校聯歡會的演說

今日我承司徒校長招與男女兩校聯歡會，我知道這個會，是為要實行男女同校的預備；我得參與，甚為榮幸，甚為感謝。但秩序單上卻派我做北京男校的代表，我要說句笑話，我似乎不好承認。為什麼呢？因為我有幾個關係的學校，都不是專收男生的。如在法文專修館，我是掛名的館長，館中有女生兩人。在孔德學校，我是掛名的校長，校中一百多學生，女生比男生占多數。我所專任的是國立北京大學，現在也有女生九人。這幾個學校，可以叫作男校麼？

從前常常有人來問：「大學幾時開女禁？」我就說：「大學本來沒有女禁。歐美各國大學沒有不收女生的。我國教育部所定的大學規程，並沒有專收男生的規定。不過以前中學畢業的女生，並不來要求，我們自然沒有去招尋女生的理；要是招考期間，有女生來考，我們當然准考。考了程度適合，我們當然准入預科。從前沒有禁，現在也沒有開禁的事。」那時考期已過，有各處女生要求到校旁聽；我們審查資格後，允許旁聽的，已有九人。今年暑假招考，如有女生來應試，一定照男生一樣辦理。

所以我的本意，似乎不必有男校女校的分別。但燕京大學歷史的演進，校舍的限制，尚然男女分校；就是北京的學校，事實上大多數是男女分校

的，況且今日代表北京女校的毛夫人，已經演說過了。我的不肯承認男校代表，只好算一句笑話。我現在仍遵司徒校長之命，代表北京男校敬致祝賀之意。

與北京大學學生話別

（九年十月二十日在北京大學學生歡送會演說，魏建功筆記）

我到大學校，已有三年，中間因事離校多日，現在又要遠行了。諸君犧牲了許多時間的功課，開會送我，我實在抱歉之至！

我這次出去，若是於本校不免發生困難，我一定不去。但是現在校中組織很周密；職員辦事很能和衷；職員與學生間，也都是開誠布公，我沒有什麼不放心的事了。

我出去的意思有好幾層：

本校自民國元年到現在，可算是在試驗時代中。近幾年校裏都有些改革了。就是大戰之後，各國大學也有一番改革，大都將少數人所受的高等教育，求他普及，如平民大學、勞動大學等。其餘專講「國家主義」的，守舊的大學校，也不能不改革了。我很願意知道他們改革的狀況。我大約先到法國再到比國，然後再到德、義等國。凡有可以參考的材料，臨時由書信傳達。

近幾年，國內學術界覺得人才不足，是無可諱言的。我這次要實在的去考察專門學問用功研究的留學生，想法幫助他們，預約他們深造，留待將來校中聘請。一方面也想請外國的教習。從前我們請的外國教習，都是隨便由使館裏私人關係請來的，或者所教非所學，或者一意敷衍。這次出去，都要請各大學裏大學問家負責，替我們介紹。且現代各國學者，如杜威、羅素諸先生，大都很願到中國來。

因為他們關於本國本洲材料，已經搜盡了，都覺得遠東風習，很有參考的價值。所以有多少名人要到中國考察，住居一二年的，我遇見時都可以預訂行期。

本校儀器尚未完備，本可寫信到外國去買，但我這次親自去採辦，也覺好些。現在全國沒有一樣關於美術的東西，說到美學美術，我們都不敢開講。這些材料，無論真本或摹本，我都要採集一點。

本校圖書館甚不完全。蔣先生籌畫在第一院空地建築一所大圖書館。但是經費不夠，政府不能應給，只好向各方面募捐。華僑方面，時常有信來，要我到南洋去，並且他們也有好些子弟，到此地來旁聽的。所以我想在回來時到英屬、荷屬……各處去看看，順便募點捐款。

退還庚子賠款，各國都很有此意，不過因經濟關係，他們好多已經列入預算。美國和中國的日親一日，多半因為退還賠款，開辦清華的緣故。前回李石曾先生、陶孟和先生和南京高師的郭秉文先生，在各國曾經談起過了。我們倘能收回，一面可以擴充國內的高等教育，一面也可以培植留學的人才。他們教我親自和各國政府再商量商量，這也是我要做的。

里昂中國大學辦宿舍和預科，且預算請章太炎先生出去。內裏一切情形，他們也教我去看看。比

國見了法國這樣，也撥了一所房子，給中國人住，與工藝大學甚近，我們正好利用，使一輩勤工儉學的人，又能生活，又能求智識。其他如魯番大學的恢復，國際大學的建設，都在比國，我也想去考察一番。德國大戰之後，教育很有改革，我想再去一回。英美我尚未到過，這次回來時候，必定從英美經過，打南洋回國。自今天起，至我回來之日止，這個時期內，所有職務，已請蔣夢麟先生代理，諸位可以同他接洽。現在要到湖南去，也許還要回到北京一次。

我對諸位的臨行贈言，也不過幾句老生常談。第一，望大家要特別注意體育。我們收了體育費，原望讓大家自由去運動的，可是二年來尚少效果。諸位何必要做成「書癡」相，弄得曲背彎腰呢？這一層願大家各就所好，多多運動。歷年華北運動會通知到我們，都沒有法子。論人數北京大學最多，為什麼一個都沒有加入呢？雖然我們並不要在比賽場上出鋒頭，但是有益的運動，我們絕不可不練習。

次之，「五四」而後，大家很熱心群眾運動，示威運動。那一次大運動，大家雖承認他的效果，但這種驟用興奮劑的時代已過去了。大家應當做腳踏實地的工夫。這時間父兄可以容我們用功，各方面都無牽制；而且現在校中行了選科制，正給諸君自動用功的好機會。那可自己空耗光陰呢？若是

錯過，真對不起自己；過了幾年，要學也沒有機會了。但是並非只管用功，其餘一概可以不管。「五四」後的惟一好結果，是平民教育。乘我們用功的餘暇，辦些學校，教育那些失學的人，就是犧牲光陰，也很值得的。這種事也是腳踏實地的初步。即如現在的調查災區，也是服務社會的要端。此等事很望不斷的做下去！

其次自治。本校學生的自治，近來比從前好多了。但是宿舍裏、公寓裏，也還免不了鬧笑話。校外說我們的人很多。即如從前學生會裏鬧意見，往往丟了正文，兩下打筆墨官司，種種揭帖，教人看了難受。要是看的人信了他們的話，那對面的人幾乎不能做人了！設身處地，又當如何？我們見了別人的過失，總要用憐愛的意思勸告他，不可驟加攻擊。我希望此後諸同學均互相親愛，厚於責己，薄於責人。

我希望在回來時，得見諸位比現在更有進步！並且謝諸位開會送我的盛意！

這本書的譜系：中國歷代言行錄
Related Reading

文：蔡祝青

《名臣言行錄》（後稱《宋名臣言行錄》前集、後集）

作者：朱熹　　朝代：宋

朱熹透過閱讀近代文集及紀傳，而思集結各朝名臣的言行盛德，求能補於世教。分為前集《五朝名臣言行錄》十卷，後集《三朝名臣言行錄》十四卷。五朝指宋太祖、太宗、真宗、仁宗和英宗，三朝則指神宗、哲宗和徽宗，獨缺亡國的欽宗朝。此書為後代言行錄之編纂奠定範例。

《宋名臣言行錄》續集、別集、外集

作者：李幼武　　朝代：宋

李幼武依朱熹之例續輯《皇朝明臣言行續錄》八卷、《四朝名臣言行錄》二十六卷、《皇朝道學名臣言行錄》十七卷。景定年間李衡校正朱熹《名臣言行錄》，將原書刪去一小半，連同自輯的數種合刻出版。後遂統稱朱、李的書為《宋名臣言行錄》前、後、續、別、外集。

《皇明名臣言行錄》

作者：楊廉　　朝代：明

弘治年間楊廉在彭鳳儀所編《國朝明臣贊錄》所收三十一人的基礎上，廣集諸家文集與記事，採取朱熹編輯體例，編成二卷，以記明朝名臣諸賢五十五人的言行，並隱含國家盛衰之故。

《近代名臣言行錄》

作者：徐咸　　朝代：明

嘉靖年間徐咸搜錄明代英、憲、孝、武四朝四十八位名臣之言行錄，編成二卷，因其志行風節、才猷卓拔，可為士君子立身、立朝的法程。

《皇明名臣言行錄新編》

作者：沈應魁　　朝代：明

嘉靖年間沈應魁對前輩學者所集言行錄進行蒐集補逸，刪繁舉要，稽察年代與履歷，行文加以潤色，主要收錄以節行標著、勳業彰顯、理學著稱、忠烈著名，或以文章聞名者，輯成《新編》共三十四卷。

《皇明名臣言行錄》

作者：李廷機　　朝代：明

李廷機收錄明朝開年至世宗（嘉靖）、穆宗（隆慶）朝二百多年來的名臣言行，事關立身行己、經國匡時、服官任職、辭受進退、格言懿行足為後世楷模者，共錄介胄與縉紳之士四卷，共八十一人的言行錄。

《明名臣言行錄》

作者：徐開任　朝代：清

此書編採明朝名臣之嘉言懿行，搜錄歷代諸書，旁及家乘傳誌，尤以楊廉、徐咸、沈應魁所著錄為準，並補全隆慶、萬曆以來名臣之言行事蹟，共九十五卷。希望將此書作為當世之借鏡，期勉人慎飭言行。

《明儒言行錄》 正集、續錄

作者：沈佳　朝代：清

仿朱子《五朝名臣言行錄》體例，編輯明代儒者的行事，並摘其語錄附之，正集凡十卷，錄七十五人，附見者七十四人；續錄凡五十九人，附見者九人。紀昀以為此書持論嚴謹，可與清初黃宗羲《明儒學案》互相參證，可對有明一代學派持公允之見。

《歷代名臣言行錄》

作者：朱桓　朝代：清

乾隆年間朱桓欲補徐開任《明名臣言行錄》之憾，故錄歷代名臣事略，上自戰國，下迄明朝，皆據正史節錄，凡二十四卷。欲使兩千年間價藩碩輔、盡忠義烈、明儒師傅、布衣巾幗，凡有關世道人心、學問經濟者，無不備載。

《王鳳儀言行錄》

作者：鄭子東講述，鄭宜時編輯　年代：近代

鄭子東講述清末民初熱河省王鳳儀（1864-1937）先生的事蹟。文分二十六章，在體例上一至二十一章以依年紀事的形式，將王鳳儀的孝心善行、藉性理講道治病、倡導女子教育、創辦男女義學、與萬國道德會合作講道興學等事蹟道出，並於二十五、二十六章別立「講道」、「嘉言」，以明王鳳儀的言論思想。

延伸的書、音樂、影像
Books, Audios & Videos

《蔡子民先生言行錄》

作者：蔡元培 原著；新潮社 編　　出版社：台北文海，1973年

由北京大學新潮社同人蒐集材料並編輯，收錄中國著名的教育家、思想家，蔡元培校長的言行傳略，以供國內外讀者了解其道德學問和事業。共計傳略一篇、言論八十四篇，附錄三篇。言論又大別為六類：一、關於最重大普遍的問題；二、關於教育；三、關於北京大學；四、關於中西文化的溝通；五、為普通的問題；六、為範圍較小，關係較輕的問題。

《追憶蔡元培》

作者：陳平原、鄭勇 編　　出版社：生活・讀書・新知三聯書店，2009年

本書也以「立功、立德」為基準追慕蔡元培之風，內容分為五輯：第一輯是生平綜述；第二輯為辦愛國學社、創中國教育會、籌組光復會等的前北大時期；第三輯為蔡元培入主北大、揭開中國教育文化的黃金時代；第四輯主要在收錄蔡元培離開北大至去世的回憶文章；第五輯為對蔡元培的評價。

《中國人的修養》

作者：蔡元培　　出版社：中國工人，2008年

此書為蔡元培在公民道德修養方面的代表作，主要收錄他重要的道德思想代表作品《華工學校講義》和《中學修身教科書》，並收錄其他幾篇有關道德修養的文章，展現出了蔡元培對於現代中國人應具有的道德素養的構想。

《蔡元培全集》（全十八冊）

作者：蔡元培；中國蔡元培研究會 編　　出版社：浙江教育

本全集所收錄的文稿，包括蔡元培撰寫的專著、論文、詩歌、題聯、書簡、函電、批語、日記、譯文及演說、談話並口述的記錄，當時由他主持制定或以其名義發布的重要公文、法規等。和別人合著之作，也收錄在內，並針對一些歷史人物、事件和背景情況，做簡略的注釋。

《大學有精神》

作者：陳平原　　出版社：北京大學，2009年

繼《老北大的故事》、《北大精神及其他》、《大學何為》後，作者再度以「大學」為題寫了這本書，收錄相關論文與演講文章十三篇，以及三篇附錄。本書是作者對於大學理念、大學精神、大學體制的思考，展現了人文學者對大學教育的關注和思考。

《百年大學演講精華》

作者：蔡元培、魯迅、胡適、林語堂、龍應台等　編者：許純青

出版社：立緒文化，2003年

從嚴復到龍應台，本書蒐集了多位名人在大學或者針對大學的演講。其他還包括魯迅《娜拉走後怎樣》、蔡元培《男女平等的問題》、《以美育代宗教說》、胡適《五四運動紀念》、龍應台《在迷宮中仰望星斗》等等。這一百多年來影響著無數莘莘學子，在理想、學習與人生各方面為他們提供了重要的指引。

百集文化系列片《大師》

導演：王韌

這套紀錄片記錄了一百位人物的故事，時間從十九世紀九十年代橫跨至二十世紀九十年代，中國經歷最動盪的百年。這些影響中國至深的人物包括王國維、陳寅恪、蔡元培、陶行知、豐子愷等，從教育、科學、文學等不同領域，透過他們的思想和精神，傳播民族文化的精髓，彰顯民族精神。

話劇《幸遇先生蔡》

導演：李銘森

演員：古天農、劉浩翔、羅靜雯、彭秀慧

本劇由上海著名劇作家沙葉新編寫有關蔡元培的故事，全劇重探前北大校長蔡元培與陳獨秀、李大釗、胡適、魯迅等積極發起「五四新文化運動」的經歷，藉昔日文化思潮，回看今朝。上半部分描寫新舊勢力鬥爭，由蔡元培上任北京大學校長起，到舊派組成倒蔡團到蔡宅門外示威，蔡元培奮起抗爭而結束；下半部分著重在「五四運動」。

五四運動紀念館

http://54.china1840-1949.net.cn/

展現了五四運動的歷史背景、圖片檔案、評論研究以及歷史資料等。蒐集了梁實秋、顧頡剛、俞平伯、蔡元培等人回顧五四運動的紀念文章。

經典3.0
ClassicsNow.net

何為大學 蔡子民先生言行錄

原著：蔡元培
導讀：陳平原
2.0繪圖：ROCKAT

策畫：郝明義
主編：冼懿穎
美術設計：張士勇
編輯：張瑜珊
圖片編輯：陳怡慈
美術編輯：倪孟慧 戴妙容
邊欄短文寫作：蔡祝青
校對：呂佳真

感謝北京故宮博物院對本書之圖片內容提供特別支持與協助

企畫：網路與書股份有限公司
出版者：大塊文化出版股份有限公司
台北市10550南京東路四段25號11樓
www.locuspublishing.com
讀者服務專線：0800-006689
TEL：886-2-87123898　FAX：886-2-87123897
郵撥帳號：18955675
戶名：大塊文化出版股份有限公司
法律顧問：全理法律事務所董安丹律師

總經銷：大和書報圖書股份有限公司
地址：台北縣新莊市五工五路2號
TEL：886-2-8990-2588　FAX：886-2-2290-1658
製版：瑞豐實業股份有限公司
初版一刷：2011年1月
定價：新台幣220元
Printed in Taiwan

何為大學：蔡子民先生言行錄 ＝ Record of the
words and deeds of Cai Jiemin ／ 蔡元培原著；
陳平原導讀；ROCKAT繪圖. -- 初版. -- 臺
北市：大塊文化, 2011.01
　面：　公分. --（經典3.0）

　　ISBN　978-957-0316-58-2（平裝）

1.蔡元培 2.高等教育 3.學校管理 4.傳記

525.6　　　　　　　　　　99012713